為了什麼而全力奔跑？

第十四封信・The Fourteen Letter

毫無雜質的藍天豔陽下，圍網裡的紅土，正因小選手的吶喊和跑壘而飛揚，高掛在旁的巨大看板，寫明了地方球隊的想望和徵求隊員資訊；週末的河濱球場總是可見這情景，既熱情又日常，總讓我駐足觀看許久。

球員盡力跑壘的模樣、教練叮嚀技巧的時刻、球棒擊中球的聲響……痛痛快快地度過整個午後，直到每個人都滿臉灰黑的走出球場。次復一次的重複，凝鍊的除了球技，還有團隊認同感。

建立起團隊感的隊伍，出賽時會有多可怕呢？回想國小全班一起參賽大隊接力的經驗，或可稍微比擬身處其中的奮戰到底精神。

從社區、學校和地方單位出發的運動隊伍，是賽隊組成最初階的開端，而運動引發的種種心理變化，從個人、團隊擴及到所屬地方，是一連串神奇的化學反應，進而連動資源的分配與爭取，產生實質的地方影響。

運動，從來就不止於發生在場上的行為，而是改變地方和人生的可能途徑。決定好要為誰而跑、為什麼而衝刺了嗎？上場為自己、為隊伍、為地方一起投入吧！

主編　董淨瑋

夏末奇幻小鎮

in 新北三芝

盛琳

bibieveryday主理人，在與小男孩和小女孩的日日生活中持續修煉著。

Evan Lin

攝影師、策展人、兩個孩子的爸爸，穿梭在工作與生活中的多重身分。

時刻 MOMENT

等待好久，總算能去想念了一年的海邊踩沙踏浪，讓自己的身體浸泡在海水中，就跟在山林裡一樣，好像回到母體的懷抱，總是能讓人平靜下來。

每回在傍晚離開海邊後，我們習慣到鄰近的鎮上覓食，這次也不例外。

三芝小鎮上有一間廟，偶而會有野台戲演出。城市長大的我小時候幾乎沒看過，因此只要遇到都會忍不住駐足欣賞，當然小孩們更是眼界大開。

以及週末限定的流動攤販，除了彈珠檯、香腸攤是固定班底，這次還出現我這個城市俗完全沒看過的抽獎攤：一堆小氣球在手工製作的籠子裡因氣流而飄浮，手伸進去抓取一顆氣球出來，年邁的老闆會將氣球刺破，寫著獎項內容的小紙條就藏在裡面。

另一種，是從百條以上的紅線任意選取一條，看線的另一端連結到什麼獎品。兩種都是玩一次10元，我們最後得到了一根棒棒糖和一支鉛筆。在這個靠海的小鎮，有種時空錯置之感。

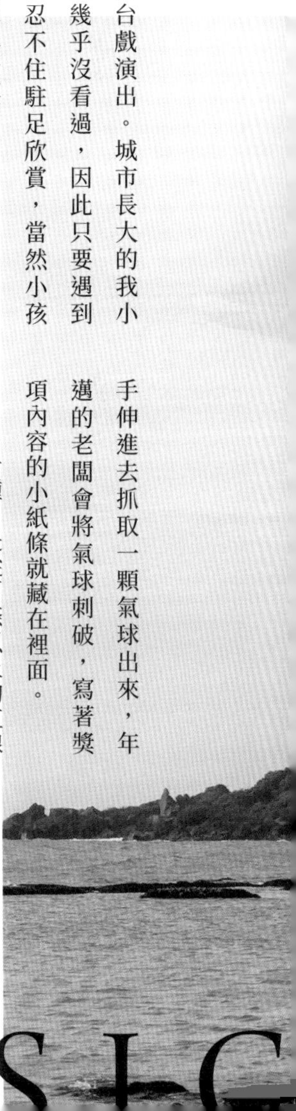

天堂與地獄並存的奇萊山

in 花蓮秀林

前室友阿巧熱愛爬山，某天登山社朋友約她一起爬奇萊北峰，我聽到也興奮地問她能不能跟，好幾年沒爬高山，很想念山上的風景和氣味，在阿巧的擔保下，我也被認可，順利出發了。

我們從合歡山松雪樓的入山口開始步行，穿過小奇萊，遠方矗立一片色澤暗黑的群山風景，那就是我們要前往的方向——「黑色奇萊」！此行的目的為奇萊北峰，海拔3607公尺，路程中，有垂直陡上的攀爬路段，也有樹根盤結而成的階梯；有時行經森林仰望大樹強壯粗大的根幹，有時流連於路邊小草小花的萬般姿態。當我們逐漸攀登直至與山齊高之處，看群山風景展現在眼前時，這已是我想像的天堂風景。

讓人深刻感受的，除了美，還有痛苦。隨著重裝步行時間拉長、海拔越來越高，身體的高山反應越明顯，走三步，就得停下來喘口氣，感覺自己的身體在極限邊緣，漫長的路還好有隊友阿鳳耐心陪伴才走到營地，到的時候其他夥伴已把帳棚搭好，開始升火煮飯。我因身體不適，一到營地就直接躲到帳棚內休息，此時突然有人大叫「水鹿」！頭痛欲裂的我仍壓不住拍照的渴望，用僅有的力氣把頭探出帳棚外按下快門。也許

場景 SCENES

這輩子就只有一次機會，能夠如此一睹這巨大野生動物的風采！

下山後看著這些照片，思緒反覆被帶回到高山上。感謝自己把握住每一次按下快門的機會，照片記錄的不只是風景，還有被自然療癒的身心、山上清爽單純的氣味，以及那些用很慢的速度和自己相處的時間；也提醒著在山下的自己，只需要好好呼吸和走路，就能再回到自己多一點。

林靜怡

宜蘭頭城人，現居花蓮壽豐，住在被山林擁抱和溪流洗滌的地方，與四隻狗兩隻貓一起生活，創立「大樹影像」是希望能為被攝者留下些什麼，並讓世界溫暖一點。

與海對望的茅草家屋

in 台東成功

或許我心裡一直有個目標，就是盡可能結合自然工法，築一個屬於自己的家，所以對於用傳統建材和工法的主人都格外愛慕。之前聊過了排灣、布農、達悟族的傳統建築邏輯，這次我再次以外行人的角度，觀摩台東成功阿美族朋友興蓋傳統家屋，是一個與太平洋對望的家。

竹子、木頭、黃藤及茅草，這四樣是過往年代隨手可得的植物，也是遍布在許多國家與族群的通用傳統建材，而我們所謂的茅草屋，就這麼一點一點累積到現代。在過去的觀念裡，茅草屋相較於其他石板或磚瓦建築材料，總是讓有我多一些的不安全感，好比說遇到颱風擋得住嗎？電視裡演的丟一把火就燒毀整個村落等等諸多疑問……相信去過日本岐阜縣合掌村的朋友都知道，那裡非常嚴格控管屋裡、屋外使用的火源，我猜想，「火」可能也是造成茅草型態建築逐漸絕跡的其中原因之一。

所有的屋子都有年限，隨著風吹日曬、颱風地震，就算是鋼筋水泥也有破敗的一天，如果要在裡頭安穩居住，不外乎採取定期整理與維護，一般來說市區裡的老屋維護年限最長可到50年，50年後開始出現管線老舊、漏水漏電等等問題。

而茅草屋不僅是各種工法技術

建築
BUILDING
觀看 的
SIG

的流失，最重要的是屋頂上的茅草壽命約莫只落在3年，主人說其他材料在山裡都還算好找，唯獨要定期更換屋頂的大量茅草，因土地開發變得格外難尋，最後有部分只好求助少數有種植茅草的農家購買。這個供需問題，想必也是復興阿美族家屋的一大難題，但主人樂觀地跟我說，「每隔2～3年的家屋維護，就多一次技術傳承，家屋越來越多，才能創造更多的供需」。

從這一點反觀所有接觸過的傳統，只要有更多人願意堅持與傳承著傳統，現代化就不一定會是傳統文化的剋星。過去有了電視，就少了廟口歌仔戲，有了手機，我連電視遙控器都不知道丟哪去，但最終手機仍可以看歌仔戲。

新舊之間本來就沒有誰對誰錯，都是文化歷程裡的一段故事，就如同時尚流行，傳統建材與技術在未來，搞不好可能會再次席捲而來，猶如60年代的穿搭，如今也能再次走上米蘭的時尚伸展台。

邱家驊
躲在恆春十餘年的影像人，拿著釣竿就往海邊，不時也爬進山裡砍柴玩石頭。攝影是工作更是生活，快門之前是積累的日常感受，快門之後將消化成未知的養分，回饋給自己。

建築 BUILDING

正氣麻將大師

in 新北雙溪

第一次遇見喬治哥，是拍攝場景的老闆娘請他來關心內容，那時還以為他是在條通混區的黑道、流氓。

陳長志，在比賽直播中主播與賽評叫他「喬治哥」，在家鄉雙溪大家則稱他小毛導演。「我4歲看人打牌，7歲就上桌與外省老兵們一起打麻將，那次是幫落跑的輸家代打最終局『北風北』，結果幸運地自摸一張一筒！那是我人生的第一次勝利！但高興沒3秒，就被突然闖入的阿嬤掀掉牌桌，所有人都被毒打了一頓，我則被帶回家關了兩小時廁所，隔天阿嬤還爬到屋頂想跳樓自殺。後來才知道父親會在我1歲時就離世，其實就是因為賭博。」這樣的他，在「麻將大師」的賽事裡以新北市的選手，最終拿下亞軍。

火車剛下雙溪，巧遇沒有說好卻一起回雙溪的喬治哥母親，熱情的媽媽看起來更像喬治哥的姊姊，還順便請我們吃便當。

「父親走時，母親才21歲，因與奶奶的關係極其惡劣，於是選擇改嫁離開。在近半世紀前那個年代，尤其在鄉下，沒有父母的孩子，被街坊嘲笑、在學校被欺負，都非常正常，家裡更沒有人能了解那樣的心情。於是我不喜歡出門，喜歡躲在家裡用木炭到處亂畫畫，因為老是被奶奶罵，爺爺也就常帶我出門躲到賭場，消磨每個學齡前的白天時光。」當時他們住在大街上一個已歇業、變成成衣廠的電影院旁，與鄰居跑到放映室去探險、玩捉迷藏，開啟他對電影的嚮往。

「國中二年級時遇到一個美術老師叫做：侯錚，他是在西門町開電影公司倒了以後，跑到雙溪國中代課美術。我自恃是鄉內的繪畫天才，剛開始還瞧不起這個怪老頭可以帶給我什麼？有一次和同學跑去宿舍查看，發現他居然拿著毛筆畫水墨春宮圖，那些畫面讓我震驚不已，他才說自己其實是從邵氏出身的電影導演，拍了很多部電影，因為種種原因導致事業失敗，才跑來鄉下教書隱居。在我提出也想成為導演之後，他開始告訴我很多事，怎麼當導演？片場有哪些人？畫面怎麼設計？最後他說：考上復興美工是最快的第一步。」

「堅持去讀復興美工，除了是圓電影夢，也是為了逃離雙溪。本來阿嬤是不肯的，因為再度離婚的母親跳出來說要幫忙出學費，阿嬤害怕我一去不回，和母親團圓，我跪著對阿嬤說：『這是她（媽媽）欠我的，你放心，我會永遠愛妳，阿嬤才含淚勉強放人。』我好奇，怎麼有人在年紀如此青澀時就能掌握人性？「我從小就被迫得觀察人性，麻將桌上為了金錢輸贏所展現出來的各種戲劇化言行，對我來說特別有趣，那是我人生中認識的第一個遊戲，也從此深深植入我的生命基因。」

22歲他從藝工隊退伍，因為會畫漫畫腳本進入廣告製作公司當助理，之後得到吳念真導演公司製片的青睞，25歲時成為多部影視的美術。「這位製片會喜歡我，除了覺得我工作態度認真，凡事積極有衝勁，還有個特別原因：我會打麻將，因為三缺一時，我就是最好的人選。」

他說吳念真導演影響他很多：「有次在南部拍片，某晚吳導睡不著，我也睡不著，我們聊天。我大膽向吳Sir說因為高中同學去法國念電影，我其實也很想去。念東吳會計系的吳Sir說：『看！想要拍電影，為什麼要出國念電影？你看我咁有去讀電影？』要做電影導演只有一步，不停地寫故事就對了。」後來我就開始不停地寫劇本投案。其實非常感謝上天的安排，讓我有機緣能到吳導的工作室，有機會在六月主演的《逆女》裡擔任美術，也在楊雅喆導演的《違章天堂》、和許肇任的《用力呼吸》裡成為副導。」

我們走進了三忠廟。「我從小就受到三忠廟庇佑長大，所以2019年在主神文天祥面前，刺上了正氣歌全文以及他的肖像。」這幾年他的「正氣電影工作室」在西門町、萬華和雙溪之間，找尋著老師和無緣父親的影子，同時也在寫一個以自己生命歷程為基底的電影劇本「北風北」。

「參加『麻將大師』比賽是在人生最窮困的時期，連報名費2500元還是副導先借我的。我跪著向龍山寺的觀音菩薩說：如果讓我打到最後得名、有機會講話時，我會勸人不要賭博。」比賽後的得獎感言，他遵守和菩薩的約定勸大家戒賭——「這個世界上少一個賭徒，就多一個家庭幸福。」

「或許7歲的那場牌局，是文天祥、陸秀夫、張世傑三位和我一

起打牌也不一定。」陳長志，有很長的志向，8歲就想做電影，現在他想回去做廟公，用「影像」的力量行銷雙溪，把地方的榮光再找回來。

李政道
經營線上平台「西城 Taipei West Town」。曾有多年迷惘的只為廣告服務，在中國工作時認識了台灣。偶然的機會下台北小孩才從一攤攤質樸的小吃，走入其實風華絕代的老派台北。

目

Contents

次

地區賽隊

Feature 特輯

（攝影／王紹儒）

（攝影／唐佐欣）

Sight 觀看的視線

Another Life 另一種可能

Inside of Place 走進地方

Grow From Land 和土脈脈

Connection Online 國際連線

區賽隊

愛的熱力展現

地區賽隊，比的不只是技術，
更是凝聚所屬地的歸屬感。

每一支地方隊伍的誕生，
主要來自學校、地方單位與社區等在地單位大力主導，
因此都能緊貼地方脈動和處境，
藉由訓練、參訪和出賽等運作互動，
從中看見運動如何聯繫社區情感，和拉起人和人的關聯性。

LOCAL TEAM

地方

出自地區的運動隊伍，
在肩負代表地方的責任下出賽，
每場比賽不管成功或失敗，
都是一次次凝聚在地情感和資源的機會。

原來地方賽事也在戰南北

文字—林聖峰

日治時期是台灣運動發展史上重要的年代。人們對於身體的鍛鍊，不再只是侷限於武術，而開始發展各類今日大家熟悉的現代運動。經過日治初期對於現代體育運動的提倡，1910~1920年代的台灣進入體育賽事發展的黃金時期，甚至還出現了統一負責體育活動的官方機構——台灣體育協會。不同運動也有各自專責的單位，如庭球（網球）、野球、田徑、相撲六個部門，以及隨後又增設的球技部、游泳部等。

會打棒球就有工作的年代

同時間，隨著國家的推廣，地方上也開始出現各種球隊。這些地方上的運動參與者，可以分為由學生、教練組成的「學校球隊」；由會社、官廳職員組成的「社會人球隊」兩大範疇。

像是台中的第一支棒球隊就是社會人球隊，1914由台銀支店單身和已婚人員分成兩隊比賽，此後台中州廳、彰化銀行、台中郵局、台中法院紛紛組成球隊。1916年台北的台銀團、三星團紛紛來台中比賽，極大的促進了剛起步的台中棒球。

台中州廳和中學生組成的三星團結束比賽後，《台灣日日新報》上便有民眾投書承認台北球隊的實力遠勝於台中，呼籲台中致力於發展棒球：

> 兩者在戰法有顯著的差異，練習訓練充不充分也有差異。可以歸納為兩點：第一前者（台中州廳）的攻守戰法老式，反觀三星採取新式的戰法，造成

林聖峰
台大歷史所碩士。喜歡寫關於台灣史的小故事。始終相信歷史寫作不應是對過去榮耀或傷痛的複述，而是試圖挖掘在背後推動變遷的特定角色。透過對史料的挖掘，台灣人會更認識自己，了解過去，共同規畫未來藍圖。

PETITION

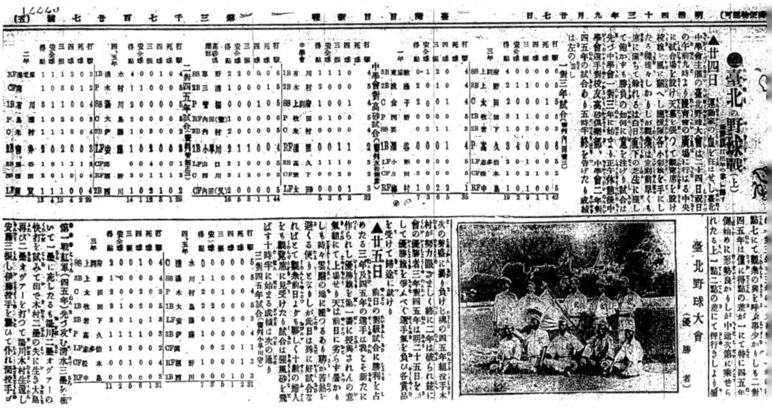

學校球隊是地方賽隊的重要組成，本次比賽是由台北中學會主辦。
（台灣日日新報／19100927／05版）

台中州廳陷入滿壘無人出局的危機……。

不少老一輩的球員都這樣回憶過，日治時代的公民營機關是地方球隊最重要的組成，會打野球甚至成為重要的應聘條件：

以前時候，日本人對於會打野球的人，每個機關爭著聘請。我那時候就是因為小學有在打野球的關係，才被請入郵便局工作。不僅如此，我進入日東商船工作，也是日東商船的社長，看我在郵便局打棒球，打得這麼好，所以才聘我進入日東商船，一個月薪水四十元。人家要找到三十元的薪水就不容易了，四十元請我進去，真是不簡單。

除了社會人球隊之外，透過老師教練和學校教育推廣的學校球隊也是地方上重要的賽隊，以棒球為例就有「少年野球」（公學校和小學校）、「中等學校野球」兩種：

小時候有看到庄裡日本人有在玩，擲打軟式的，台灣囝仔無啦，因為日本人有自己的小學校，台灣人讀公學校，比較沒有在接觸。台灣人看到人家在玩，也不知道那個是野球，不瞭解，覺得球看起來很硬，所以看了會怕。最早知道有野球，是因為我們的老師是日本人，他弟弟到台灣來把野球也帶來，帶來的是軟的。本來以為球硬扣扣，打到會死，後來看到一個小孩子被砸到也沒怎樣，才比較不怕。

戰南北—因競技而鞏固的地區認同

「比賽」更是近代體育中，最不可或缺的一環。1920年6月27日的台北新公園前人聲鼎沸，除了一般百姓之外，總督府總務長官下村宏更是身著運動服出現在會場上，他們都是來參加當天二葉會舉辦的運動會。當天一早6點便開始有選手露面，兩旁的觀眾更是鼓譟歡呼不停；8點一到在開幕煙火與觀眾鼓掌聲中，選手踏著整齊的步伐入場開始「全島陸上競技大會」。

二葉會為了舉辦這場比賽可說是耗費心力，會長近藤敏夫多次投書《台灣日日新報》說明此次運動會的規畫，包括場地的規畫、競賽的種類與規則、體育與運動的功效等等。近藤敏夫更呼籲將台灣島內的多項運動團體統一，並制定了台灣標準紀錄，參考日本的運動紀錄制定各項成績標準，鼓勵運動員超越標準。同年9月「台灣體育協會」成立，並開始籌辦「第一回全島陸上競技大會」，且自第三回陸上競技大會開始，該比賽作為全日本最高運動會「明治神宮大會」的預賽性質，因而獲得熱烈的參與。

除全島性的賽事之外，地方性的賽事活動也逐漸活躍。尤其是在各地的郡，更時常透過青年會、壯丁團等組織舉辦運動會，凝聚國民的集體歸屬感。例如1927年士林青年會為了參加七星郡聯合運動會，事前在士林公學校集合，一起吃飯、運動、聆聽演講，運動當天又一同參拜台灣神社。獲得優勝的青年團，往往會成為地方上的榮耀。

在這樣的過程中，郡下的青年一起生活、一起唱郡歌、一起爭奪郡下第一的優勝旗，這些行為一方面形塑了殖民地青年的「日本國民」意識，另一方面也在加強自己的地區認同。這一種地區性的競技較量，也體現在特定的單項運動賽事上面，例如網球的南北對抗。

1890年代開始，網球（日文漢字為庭球）逐漸在日本興盛，受到不少青年學生和仕紳的喜愛，被視為一種文明象徵的運動。尤其是來台灣的日本人中有不少是網球愛好者，在公家單位、民間企業、學校老師為多，這些日本人也成為台灣網球運動的先驅。在台北廳長

PETITION

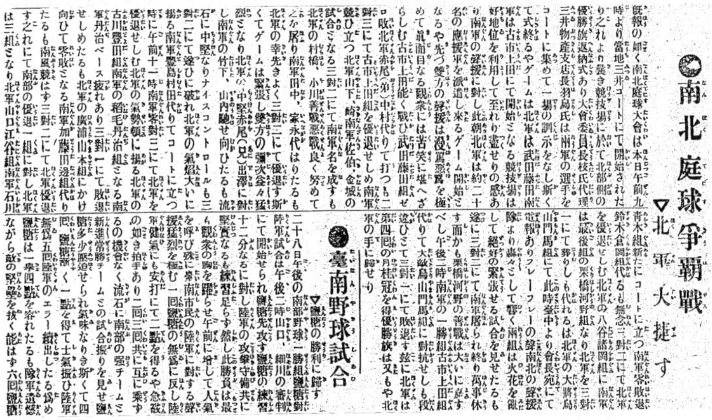

南北庭球爭霸戰
▽北軍大捷す

既報の如く南北庭球大會は本日午前九時より當地三井コートにて開始されたり之れより曩き競技場に於て北部側の優勝旗返納式あり大會委員長枝氏代理三井物産支店長羽鳥氏は南軍の選手をコートに集めて一場の訓示をなし斯くて式終るやゲームは北軍は武田藤田南軍は古市上田にて開始さなる競技場は好地位を利用して至れり盡せりの感あり南軍の聲援に對し此朝北軍は約二十名の應援軍を派遣し來るゲーム開始さなるや先づ雙方の聲援は漫罵惡罵を極めて眞面目なる觀衆には苦笑に堪へざらしむ古市上田能く戰ひ武田藤田組をロ敗北軍赤尾(弟)中村代りて打つ(ち)二對三にて古市上田組を優退せしめ南軍競ひ立つ北軍山下、崎南軍佐伯、金城の試合となる三對二にて南軍名を成すも北軍の村橋、小川善戰惡戰良く努めて之を屠り南軍田中、家永代はりたるも北軍の幸先きよく三對二にて優退す斯くてゲームは緊張し雙方の彌次益々猛烈となり北軍の中堅赤尾(兄)出澤に對し南軍の竹下、山内聽せ向ひたるも流石に中堅なりナイスコントロールも三對二にて遂ひに破れ北軍の氣焔大いに揚る南軍豐島村田代りてコートに立つ時に午前十一時南軍零對三にて北軍を優退せしむ北軍の氣勢頓に揚る北軍の古川豐田組南軍の稻毛丹治組となる南軍丹治ベース疲れあり三對一にて敗退せしめたるも北軍の廣沛山本組にかけ向ひて零敗となる南軍加藤田邊組代りたるも南風競はず三對二にて北軍優退す之れにて南部の優退一組に對し北軍は三組となり北軍山口江谷組南軍石川青木組新たにコートに立つ南軍零敗退鈴木倉岡組代るも無念三對二にて北軍を優退せしむ北軍の八谷諸岡組に南軍は最後組の栗橋河野組なり北軍を三對一にて鉀りしも代れるは北軍の大將烏山門馬組にて此時臺中より會長宛にて電報ありフレーフレーの聲南北の聲援隊より轟々として響く兩組は火花を散して絶好の緊張せる試合を見せたるも遂に三對二にて南軍屠られ終り萬事休す而かも栗橋河野の奮戰は大いに爲すべし午後二時南軍の一勝組古市上田組代りて大敵烏山門馬組に對抗せしも段遂ひさて三對二にて敗退す茲に北軍は第四回の月桂冠を得優勝旗は又もや北軍の手に歸せり

臺南野球試合
▽鹽糖の勝利に歸す

二十八日午後の南部野球一勝組鹽糖對陸軍試合は午後二時山口、細川の審判にて開始せられ鹽糖先攻す鹽糖の練習十二分なるに對し陸軍の攻擊守備共に堅實なるも練習足らず然し此勝負は最も觀衆の胸を躍らせ午前に增して人氣を呼び殊に臺南市民の陸軍に對する聲援猛烈を極む一回鹽糖の無爲に反し陸軍健氣にも安打にて二點を得るや急激の如き拍手あり二回三回共に互に乘ずるの機會なく流石に南部の強チームと新進常勝チームとの試合振りを見せ鹽糖多少壓迫せられ氣味なりき斯くて四回、鹽糖漸く一點を得て士氣振ひ陸軍無爲五回陸軍のエラー續出したる爲め鹽糖は一擧四點を容れたるも陸軍遺憾ながら敵の堅壘を拔く能はず六回鹽糖

關於南北庭球比賽的報導。
（台灣日日新報／19161030／05版）

和台南廳長商議下，1912年舉行第一屆的南北網球大賽，雙方各派9～11組雙打對抗。並成為每年舉行一次的南北網球對抗，而多數時候都由北部獲勝。

除了網球的南北對抗之外，棒球界也有南北對抗賽。1914年3月台北鐵道部棒球隊與南鯤鯓棒球隊的友誼賽，是棒球界最早的南北對抗，3個月之後鐵道部棒球隊在台南新公園又擊敗了南方代表的高砂俱樂部，再次取得南北對抗的勝利。

1916年初心有不甘的台南新報社再次舉辦了南北對抗賽，但最終南部以18：5慘敗，場邊的觀眾也忍不住在報紙上投書評論道：「南部球隊在守備、打擊、跑壘上和北部球隊有雲泥之別。」同年年底，台灣新報社再次舉辦南北對抗賽，這一次南部球隊終於一雪前恥，以21：11擊敗北部代表隊。此後數年之間都可以看見野球界舉辦南北對抗的比賽。甚至有台灣詩人做詩道：

地劃鴻溝界。陣分內外圍。
抱來疑月落。擊去儼星飛。
南北軍心壯。高低玉杵揮。
錦旗欣獨占。歌唱凱旋歸。

在南北對抗外，體育運動也取代傳統的廟宇慶典成為地域內部團結的手段，例如陳麗華的研究中便提到六堆的網球聯誼會。在六堆人林開德等人的奔走下，1927年六堆組織了「六堆懇親網球大會」，主要邀請六堆年輕人，特別是台南師範學校的畢業生。時至今日六堆的網球比賽依然持續舉辦中。參與過該比賽的後堆內埔公學校校長松崎仁三郎留下了這樣的紀錄：

昭和七年（1932）1月3日，第三屆六堆懇求網球大會於竹田公學校舉行。……參加大會的主要人士有各庄長、庄役場官員、學校教師及熱心人士。六堆出身者在本州者不用說，連台南任職者也歸鄉參加，總數達300人。因此選手都球藝高超，在激烈的比賽中，有些人的精彩技術絲毫不輸全島大會選手。

透過全台比賽展現地方

即便1945年更換了統治者，但現代化的體育賽事已經深植於台灣，例如日治時期的棒球風氣在二戰後依然延續著。尤其是作為政經中心的台北，不少公民營機構依然承襲日治時代的棒球文化，例如台灣銀行、彰化銀行、合作金庫、土地銀行、台糖、鐵路局都組織起自己的棒球隊，研究者稱其為「六行庫時期」。

其次官方力量依然是運動的重要推手。例如「台北市長盃棒球賽」，由於以軟式棒球為主，易學、便宜等特性也吸引許多棒球愛好者投入。1954年台北市長盃計有13隊參與，參加者有OK、啤友、鐵友、王妃等隊。除此之外也有各機關政府不定期舉辦的棒球比賽，如1948年的「台北市政府職員秋季棒球大會」、1949「金融業棒球表演賽」等等。

除了常態性的主持地方比賽外，地方政府在戰後顯然得更加積極，透別是爭取大型的全台或國際性的比賽項目，例如台灣省運動會。

台北市長高玉樹主持1968年市長盃棒球賽。
（國史館典藏／數位典藏號：150-030700-0015-027）

PETITION

1964年第19屆全省運動會照片。
（國史館典藏／數位典藏號：156-030102-0003-025）

1952年6月初，時任屏東縣縣長的張山鐘看著眼前滿臉期待的記者，除了陳腔濫調式報告縣政府的工作外，他也丟下令人訝異的消息：屏東縣要爭取1952年第7屆省運會的主辦權。

事實上除了屏東縣之外，嘉義縣也積極爭取，並已事先和省教育廳溝通討論過；除此之外台南也有備而來，台南市長葉廷珪向記者強調台南作為南部政經中心的優勢：完善的體育設備；地點適合，水路交通往來方便；市內有充分的旅社、餐廳、公車。

面對來勢洶洶的競爭，屏東縣政府並不退縮！

在縣議會上，民意代表大聲的鼓動著，一致通過非要爭取此次省運會的舉辦權。到了省臨時議會上，屏東縣出身的省議員潘福隆、林壁輝、陳文石大力闡述屏東的「天時、地利、人和」等優越條件，竟然獲得省臨時議會的通過，並促進省府作最後的決定。

在民意代表的支持下，縣政府從1952年5月就特別成立促進委員會。促進委員會還兵分兩路，一路由縣長、省議員、縣議員領導定期謁見省政府；另一路則由縣內專家領導，整理屏東縣內可用的場地設備，並擴建原有縣立體育場。

僅僅半個月內，促進委員會就整理好場地設計圖，並且預計34萬元修建足球場、籃球場、拳擊場等場地。從縣長、民意代表、技術官僚的合作，可以想見屏東縣內部對於此次爭取省運會的渴望，除了官方之外，屏東縣商界甚至提供各項運動器具還有贊助擴建經費；屏東縣長甚至６、７月都前往省政府拜會一輪。最終在縣民殷殷期盼下，省政府終於同意由屏東縣主辦本年度的省運會。從上述過程來看，主辦省運會雖然費款頗鉅，但卻無損鄉親父老對於爭取地方榮譽的熱誠，乃至動員全縣動員支持。

這件事情並不僅發生於屏東縣政府，省運會的成績甚至成為民意代表評估政府施政的重要指標。１９６６年台中縣民意代表詹來生就這樣問過縣政府官員：

> 此次參加省運會花了多少經費？依據報告本縣參加項目很少，同時成績也不見得好。是不是本縣缺乏選手？或者有什麼困難？請指教。

又戰南北—亞運會申辦爭取事件

除了省運會之外，國際賽事也成為地方展現自己的重要場合。１９９４的亞運會申辦城市代表就是一例。

１９９３年10月時任行政院長的連戰指示爭取２００２年亞運會的主辦權，中華奧會和教育部隨即成立籌畫小組，準備相關作業。北高兩市聽聞消息後無不積極行動，尤其是高雄市。

１９９３年底立委黃昭順首先邀請教育部、外交部、新聞局、中華奧會、高雄市政府和多位高雄市議員，共同研商高雄市舉辦亞運會，甚至跨越藍綠兩黨，結合高雄縣、屏東縣、台南縣市五縣市共同爭取。１９９４年３月14日中華奧委員舉行表決，高雄以12：７擊敗台北成為台灣爭取亞運會的主辦城市。

但這項決議卻引來台北市的不滿。北市官員和民意代表召開記者會，矛頭直指奧委會。４月27日在北市的施壓下奧委會重新投票，這次高雄以懸殊的12：２再次擊敗台北市。不過北市府依然不斷施壓，５月７日奧委會召開臨時會第三次投票，這次投票結果徹底逆轉由台北取代高雄申辦亞運。

此一結果出來後，隨即遭到民眾和媒體記者的關注，紛紛以頭版

ETITION

頭條重點關注此事。尤其高雄市民更是群情激憤，聚眾燃燒奧委會會旗、市議會醞釀休會……雖然最終在新任台北市長陳水扁表態無意爭取之後，確認由高雄市作為申辦代表。但是「南北差異」、「重北輕南」等議題再次浮現。

高雄戲劇性地從大幅領先到突然逆轉，期間台北市政府或官員的「首都優先論」，或暗指奧委會官員在南部有私人利益，都加速南北的對立。南北不在只是日治時期的球場上對抗，亞運會事件讓南北問題燒出球場之外，南北差距不公逐漸成為學者專家、技術官員關注之焦點。

運動明星之外的故事

回顧過去台灣的體育競技史，人們的焦點總是集中在特定的運動英雄，特別是在職業賽場或是國家、全球性的比賽中，歌頌他們的事蹟。確實英雄故事是體育重要的一部分，但是這次將焦點從光芒萬丈的英雄轉為地方上活躍的人物、球隊和賽事，他們或許才是體育運動在當代台灣得以生根的關鍵。

經過這一百多年來的發展，現代化的體育生活早已成為台灣人不可或缺的一部份，不同的地方也發展出各自的球隊和賽事。這篇文章試圖透過爬梳報紙和運動雜誌、回憶錄，更加貼近百多年來人們關於運動的記憶。

參考資料

《聯合報》

《聯合晚報》

《台灣日日新報》

《南方》

謝佳芬，〈台灣棒球運動之研究(1920~1945年)〉桃園：中央大學歷史學碩士論文，2005。

林倍群，〈空間．地方．記憶—台灣棒球運動之地理學研究(1923～1982)〉嘉義：嘉義大學史地學系碩士論文，2007。

藍奕青，〈帝國之守—日治時期台灣的郡制與地方統治〉台北：台灣師範大學台灣史研究所碩士論文，2007。

林丁國，〈觀念、組織與實踐：日治時期台灣體育運動之發展(1895-1937)〉台北：國立政治大學歷史所博士論文，2009

謝仕淵，〈帝國的體育運動與殖民地的現代性：日治時期台灣棒球運動研究〉台北：台灣師範大學歷史學系博士論文，2011。

李晏甄，〈台灣南北對立想像的興起〉台北：政治大學社會研究所碩士論文，2011。

陳麗華，《族群與國家：六堆客家認同的形成(1683-1973)》台北：台大出版社，2015。

張永昇，〈台中地區棒球運動發展之研究(1914-2012)〉台中：中興大學歷史學碩士論文，2017。

運動擁有改變社會的力量

文字—Dido

將於年底登場的第22屆世足盃（FIFA World Cup）開賽前即備受關注，它不僅是疫情泛濫時第一個全球性賽事，也是首次在中東舉行的世界盃足球賽。主辦國卡達向來飽受人權爭議，除了言論審查、LGBT環境不友善，在卡法拉制度（Kafala System）系統性剝削下，每年更有大量移工喪命於險峻的工作環境，直到獲選為世足主辦國，人權組織介入調查、國際土木公會發起「沒有人權就沒有世界杯（Red Card for FIFA — No World Cup Without Human Rights）」等倡議行動，串連球迷與球員於各國賽場公開抗議，才迫使卡達政府廢除卡法拉制，並於2020年通過適用全體勞工的最低工資法，保障了移工的基本權益，也帶給鄰近波灣國家重新檢視勞動政策的壓力。

針對卡達政府的改革，FIFA主席因凡蒂諾（Gianni Infantino）引用已故著名反種族隔離運動領袖曼德拉之言「運動擁有改變世界的力量」，期許世界盃能為更多國家帶來人權曙光。全球化的今日，平等、平權等普世價值，隨著運動比賽的標準及國際化，自外而內地透過國際賽事影響著仍身處改革道路上的國家，而從

Dido
住柏林的懶散台北人，調鬧鐘為了次日必需的早起，是人生中做過最努力的作業。討厭吵架，喜歡講故事，著有《柏林的100種生活》，繼書之後，持續把各種平台作為「宅體」，分享世界大事和生活瑣事。

德國隊日前於世界盃資格賽中呼籲卡達政府重視人權。
（圖片來源／Twitter帳號@DFB_TEAM_EN）

現代足球濫觴之地的英國歷史中，則能找到自下而上、由勞工階級撼動菁英階層的故事。

19世紀末英國——以足球賽事突破階級藩籬

2020年上映、由史實改編的Netflix影集《英足時代》（The English Game）描繪了這段顯為人知的歷史。那是個蒸汽與紡織機開始大量生產、馬克思初察覺人的異化的時代，工業革命催生新的工人階級，也引發新的社會矛盾，經統計，19世紀中葉的英國有40多萬勞工於西北部的棉紡廠工作，鎮日與紡織機為伍的乏味日子和城市化過程中帶來的躁動不安，

世界第一位職業足球員Fergus Suter（最前排）效力的達爾文（Darwen FC）球隊。
（圖片來源／wikipedia）

使得足球這項規則簡易且具有一定觀賞性的運動在工人階級中迅速擴散，也日漸成為居民的精神生活支柱，從蘭開夏谷地的棉紡城鎮到格拉斯哥工人階級的貧民窟，無不爆發足球狂熱，各地工廠老闆紛紛組建起足球俱樂部，並招攬職業球員為工廠球隊踢球。

影集被邀請加入達溫俱樂部的主角蘇特（Fergus Suter），是歷史上第一位職業足球運動員，他的出現不僅宣告運動賽事走向商業化的未來，集中在其身上的爭議更反應出當下英國社會新興工人階級與資產階級間巨大的矛盾。現代足球原是以伊頓公學為首的菁英學校為陶冶學生性情與強健體魄所發明的運動，由貴族組成的英格蘭足球總會制定了球賽的規則「將比賽變得文明」，19世紀以降，踢足球被南方貴族與資產階級視為菁英的遊戲，他們奉行「業餘主義（Amateurism）」認為足球是純潔的運動競技，與金錢無關更不是一門生意，授薪職業球員的出現和工人足球俱樂部的興起，讓菁英階級感到足球的純粹性被破壞，更擔憂他們會喪失這項運動中的話語權和主導地位，因此數度禁止聘雇職業球員的野蠻工人球隊加入其舉辦的足總盃賽。

而對每天工作16個小時才得以餵養自己和家庭的工人球員來說，和衣食無虞、精力旺盛的貴族在賽場上的較量往往處於劣勢，延攬職業足球好手入隊才有機會取得球賽的勝利。影集最後，經由以蘇特為代表的職業球員、地方仕紳及願意理解工人困境、歷史上擔任長達33年足球總會主席的貴族金奈德（Arthur Kinnaird）三方的努力，工人球隊終於取得比賽資格，能在足球場上遵循相同的規則，以相對公平的形式對抗資產階級獲得冠軍，這是同時期英國社會其他領域難以想像的發生與奇蹟。

工人與資產階級在足球運動中的對抗與和解，一定程度消弭了階級間的距離，讓英國走向良性的改革與變遷，而職業球員於球場上大放異彩的時刻，也激勵著那些出身社會底層家庭的孩子，不應受限於階級與背景，憑藉著優異的能力也能成為人人心目中的英雄。

美國「分離但平等」政策實施期，有色人種才能使用的飲水機。
（圖片來源／wikipedia）

60年代美國——用社區籃球對抗種族歧視

工業革命時代的英國，透過職業球員進入賽事衝破了階級的藩籬，而１９６０年代的美國則有人將街頭與社區籃球帶入大學球隊來對抗歧視。南北戰爭後，美國雖然廢除奴隸制度，南方各州仍普遍存在歧視非裔美國人的現象，１８９０年路易斯安那州通過《隔離車廂法》，規定該州鐵路公司必須為白人和有色人種提供平等但隔離的車廂，人民不得使用不屬於其種族的車廂座位，違者將遭罰。這項法案直到１９５０年代民權運動再次引起風波，金恩博士發起「拒搭公車運動」，挑戰南方社會內部長久以來的種族隔離政策後，如《隔離車廂法》一般「分離但平等」（seperate but equal）的種族隔離措施才被判定違憲，陸續消失於法規之中。

然而，偏見翻轉的速度遠不及社會制度的改變，膚色差異仍像一道道隱形的牆存在１９６０年代的人與人之間，這道牆上在運動場上尤為厚實，當時的ＮＢＡ中，黑人球員僅佔20%，且多為板凳球員鮮有上場機會。ＮＢＡ與美國大學聯賽ＮＡＣＣ更有不成文的規定，同時間一隊上場的黑人球員不得超過兩個，且大多只有在雙方隊伍差距過大的垃圾時間，才能看到他們在賽場上的身影。

在非裔從籃球最高殿堂到街頭都主宰著球場、無人懷疑非裔球員運動天賦的21世紀中，很難想像半世紀前的人們認為，黑人是劣等的，儘管身體素質良好，但遇到運動比賽這樣需要綜合能力、和強大心理素質的時刻，黑人無法承受壓力、不夠聰明，無法帶領球隊贏得勝利。

這些人中不包括一名來自奧克拉荷馬州鄉下的白人教練哈斯金（Don Haskins）。１９６１年，哈斯金被延攬至德克薩斯州一支名不經傳的大學球隊——礦工隊，為了重整球隊，他到全美各地的街頭與社區藍球場尋找優秀的選手，其中挖掘到的多是非裔年輕人。在哈斯金執教礦工隊的時期，每派一名黑人球員上場，便會收到來自全國各地的辱罵信件，直到1966年的美國大學聯賽決賽中，哈斯金派出五位黑人球員先發並取得年度冠軍，不僅震撼對手，也刺激了媒體敏感的神經廣為報導，賽後被問及為何選擇五名黑人首發時，哈斯金回答：「我其實沒有刻意選擇五名黑人首發，我只想讓最好的五名球員站在場上。」至於寫下第一位派All-Black球員先發教練紀錄的他，晚年在自傳中寫到「我從沒想過成為反種族歧視的先驅，或試圖

全美大學聯賽初次由五名黑人球員上場並奪冠。
（圖片來源／ wikipedia）

改變世界。」而這個世界卻在他一次次忽視球員膚色的選擇之中，日漸實現了真正不被隔離的平等，隨著越來越多優異的非裔球員出現在大眾視野，籃球運動也在黑人城市文化中愈發蓬勃。

1989年德國——運動社團融合當地居民與外來移民

1989年柏林圍牆倒塌，東德政府垮台後，頓時失業的東德人紛紛踩過破碎的圍牆到西德謀生，不過歷經半世紀的分裂後，東德與西德無論在政治、經濟、文化及意識形態上都產生巨大分歧。為了縫補兩德人民之間的隔閡，統一後的聯邦政府於1990年推出《通過體育融合（Integration durch Sport）》計劃，目標透過輔助建立社區的運動社團（Sportverein），鼓勵西德與新遷入當地的東德移民藉運動實現更深刻的交流。

歷經30年，在兩德人的區別只剩下回憶的今日，社區運動社團在《通過體育融合》的政策中持續茁壯與發展，目前全德約有9萬個不同運動類型的社團，居民藉由訓練聚會、透過比賽凝聚

廢棄機場改造的運動場，牆上敘利亞兒童寫下「謝謝德國」。
（圖片提供／Dido）

尋求庇護者參與社區運動社團以融入德國社會。
（圖片提供／ Sven Darmer）

向心力，社區運動社團成為了居民相遇、熟識、及發展共同社區意識不可或缺的場所，近年則有更多專為殘疾人士成立的社區運動社團，幫助行動不便的人們與彼此和鄰居產生更緊密的連結。

2015年歐洲難民危機，數十萬敘利亞難民湧入德國，各地方政府也運用社區運動社團的經驗幫助尋求庇護者更快速地融入德國社會。在柏林一間廢棄的市內機場中，過往的機棚被改建為難民運動中心，裡頭有籃球場、拳擊台、健身器材、桌球桌……這些設備不單限於難民使用，附近居民只要在門口掛的表格上登記名字就可入內使用，於是在下班時間或假日的午後，廢棄機場中可以看見來自不同國籍的人們報隊打籃球、不同年紀的孩子一起玩著大人看不懂的遊戲，在這樣的空間中時常聽不到一句德語，也許是因為外國人太多，也或許是所有的理解早已被包容進運動肢體語言產生的關係裡。

曼德拉說「運動擁有改變世界的力量」，它在工業革命時代透過足球反映出社會的矛盾、在民權運動的籃球比賽傳遞價值觀、在面對種種未知時給予人們擁抱差異的方式與勇氣，而在運動及運動賽事改變世界之前，個人的參與就已經產生了意義。

大山下，太魯閣族的乒乓練球聲

文字—李盈瑩　攝影—高穆凡

炎炎盛夏，花蓮佳民國小的風雨教室傳來「乒乓」、「乒乓」來回不歇的練球聲，當多數孩子正隨心所欲放暑假之際，此時卻是球隊最可以全力衝刺的時期。這支從社團轉型為校隊、從原本校際比賽時常於中午前就得黯然離場的隊伍，如今已能一路過關斬將打到傍晚終場，並順利奪得花蓮縣內冠軍，也成功打進全國性比賽。

地方隊伍的誕生—學校

佳民國小座落於花蓮秀林鄉的山腳下，毗鄰三棧溪與新城村，全校43位學生，全數皆有太魯閣族的血統，孩子們平日在校園跑跳，仰頭就能望見巍峨聳立的中央山脈。

校園裡將近一半的學生都參加了桌球隊，他們口中的春教練，看上去就像一位青春洋溢的大哥哥，然而這位青年卻是促成佳民桌球隊成立的關鍵人物。春明汗原先居住新北市，小學一年級開始打桌球、三年級加入校隊，一路打到國中，並以體育績優生的方式進入建國中學。他自忖體育成績在全國排名僅列中等，因而想改用一般讀書考試的途徑升大學，於是如命定般的機緣，被分發至慈濟大學人類發展心理學系，又因大一時修讀謝穎慧老師的助人技巧相關課程，與佳民的學童展開初次接觸。

翻轉教育，以正向情緒替代權威打罵

大學四年的時光，他一樣加入慈大桌球隊，並擔綱隊長，來到學生生涯的尾端，春明汗為了延續所學，著手準備臨床心理研究所，他回想兒時練球的歷程，幾乎在一片權威式的打罵教育下長

大，蛙跳、打小腿、言語羞辱一樣都沒少，因此想以正向鼓勵的方式帶領桌球心理團體作為研究題目，於是透過穎慧老師牽線，暑假期間於佳民國小開課。

兩個月過去，適逢9月開學，原先校內負責帶桌球社團的老師正巧調職，此時已考上心理所的春明汗再次面臨抉擇，權衡之下他選擇放棄研究所，專注投入桌球教學領域。期間，他見識過太魯閣族孩子過人的先天素質，也見過他們輸球時灰心喪志的模樣，於是向學校提議將社團轉型為校隊，全面提升器材等級與訓練質量。

技術之外，對於日常品格的要求

學期間，校隊清早7點即展開晨訓，此時春教練會帶孩子熱身，有效率地進入運動模式，且為了避免滿身大汗影響後續在課堂上的學習，晨訓以相對靜態的發球練習、桌球知識理解等醒腦課程為主。孩子8點進教室上課直到午後16：20，接續午後的練習，17：40低年級隊員結束練球，中高年級緊接著必須在19：00前吃完晚餐、完成作業，持續夜訓到21：00，結束充實的一天。

除了學期週間幾乎是見縫插針地爭取時間練習，週六上午也練球，暑假更是完整衝刺的黃金時期，被問及是否感到辛苦？孩子清一色搖頭，而這背後最大的動力，一方面是中高年級陸續抱得

右　曾以桌球心理為研究題目的春教練，努力實踐正向情緒訓練方式。
左　桌球是極度考驗專注的運動。

獎盃所帶來的激勵；一方面也是孩子深切感受到自己付出時間所帶來的明顯進步。

春明汗不希望比賽成為孩子的壓力，而失去一開始喜愛這項運動的初心，因此捨棄傳統權威式教育，他強調正向情緒的帶領方法並非一味鼓勵讚美、拍孩童馬屁，而是近似於「一手拿蘿蔔、一手拿鞭子」，他說明：「在球技方面我從來不用謾罵的方式，而是用溝通、用唸的，反而是在品性上有相對嚴格的要求。」

球隊裡分布各年齡層的學童，教練採取混齡分組的概念，三人一組，日常生活中哪位組員講髒話會被扣分、或像是組裡低年級孩子學會用筷子則能加分，為了團隊的榮譽感，年長的孩子會領著年幼的一起檢討學習。而整個球隊除了有基本的隊長及副隊長，更設置衛生長、策畫同樂會的活動長、技術指導員、撿球長。春教練笑說：「別小看撿球這件事，球會滾落到哪些看不見的地方、撿球時要如何安全避開正在練球者的腳步，這些都是學問，讓有經驗的孩子帶領新生，可以讓孩童學會付出，感到自己也擁有將知識傳承給他人的能力。」

練球與學業並重，創造孩子未來的選擇權

春教練負責孩子的球技與品格，而球隊裡還有一位打點生活與把關課業的靈魂人物——陳麗雯。她謙虛說道：「小春無疑是佳民桌球隊的核心，我則是看哪裡需要補位，就去填補那個缺口。」當初因修讀謝穎慧老師的課程，陳麗雯來到球隊當義工，幾個較被動鬆散的孩子，她就一

右 布丁狗是佳民桌球隊的吉祥物。

上 春教練與隊員的互動如家人。

下 每位球員都會輪流撿球，也是一種學習和付出。

個個morning call、開車接送來晨訓，當她看見孩子後來自己長出積極度，不需接送也能主動來練球，對她而言就是莫大的回饋。

　早年，球隊仍叫外送餐點的時期，也同時開放孩子可回家晚餐，部分孩子卻因此懶得回來夜訓。為了改善狀況，身兼慈濟志工的陳麗雯向基金會提議，由此

上　結束下午的訓練，隊員會一起吃晚飯繼續夜訓。
下　練球後，所有隊員一起整理恢復環境。

訓練的成果，會明顯反應在上場時的表現。

奠定了日後由精舍供應晚餐的模式，使夜訓的步調趨於穩定。

佳民桌球隊還有項特色，即是練球與課業兩者並重。春明汗坦言，桌球其實是一項很吃訓練品質的運動，不見得每位孩子的家庭背景都有能力聘請時薪上千元的國手教練來進行一對一訓練，因此不希望他們孤注一擲，而是要保留第二、第三條路，絕不偏廢學業。這樣的前提下，每日晚餐後，隊員會在慈大志工服務隊課輔完成作業才能參加夜訓，假日午後陳麗雯也會召集課業落後的孩子到圖書館完成作業。

5年來的陪伴，在地家長也逐漸看見他們的用心，一些原先不太涉入的父母，開始積極栽培、會帶孩子到台北打積分賽，也會與教練討論國中的升學方向。由於鄰近學區缺乏合適的桌球隊，日前一場到嘉義的國中參訪行程，有幸遇見理念相近的學校，彷彿讓孩子看見全新的可能，一條不同於多數原住民孩子——就讀在地國高中、畢業後從事基礎勞動的既定套路。教練與陳麗雯認為，無論是繼續勤耕桌球，未來擔任教練、體育老師，或是報考預校為自身累積經濟實力，都能為孩子帶來足以翻轉人生的選項。

邱義華
六年級

剛入學就起心動念想打桌球的他，當時因社團人數額滿，直到升二年級的暑假才順利加入，這一投入就是4年多的時光，熱愛桌球的心情至今未曾改變。相較於隊上多數成員習慣後退接球，他擅長搶擊球點，展現出在球場上眼明手快、腳步也十分敏捷的特長。從低年級到現在，原本排斥寫功課、只想鍾情於打球的他，在教練與麗雯老師的鼓勵下，目前已能在課業與桌球之間取得平衡。

被問及日前到嘉義參訪國中的心得，義華分享：「我們看了兩所，其中竹崎完全中學位於郊區，與花蓮的環境很像，而且接待我們的桌球教練與學長姊人都很好、很友善，理念也與佳民桌球隊很接近，同樣都是兼顧練球與課業的校隊。」雖然離家較遠，但經過6年一連貫的訓練及陪伴，彷彿有一條閃閃發光、正向他招手的道路，將來成為桌球教練或體育老師絕不是夢！

劉治亮
四年級

三年級才加入球隊的治亮，球齡雖然不長，卻在短短一年內個性有一百八十度的轉變。他說：「我以前不太能控制情緒，例如被老師訓斥，同學跑來關心我，我反而怒氣沖沖地叫他別管！更無法耐著性子好好說明事情的經過。」但因為在球隊裡，教練不只訓練球技，更注重每位隊員的品行與生活禮儀，讓他慢慢改掉原先暴躁的脾氣，變得比較溫和有耐性。

至於印象深刻的事情，治亮形容自己第一次參加校外比賽，整個人冒冷汗、腳軟到不敢上場，但有了那次經驗，後來就能克服競賽時的緊繃感。小小年紀的他，最擅長的技巧是反手削球，偶爾隊內進行友誼PK賽，出乎意料打贏先前不曾打敗的對手，就是治亮感到最開心、最有成就感的一刻！

林紫旋

六年級

紫旋在低年級時原本是學校的羽球社員，後來因社團老師離職，三年級開始打桌球，充滿天賦的她在「花蓮縣運」時常進前五名，2021年更獲得「少年國手選拔賽」的參賽資格，目前是佳民桌球隊的隊長。

她坦言自己這些年的挫折忍受力進步很多，還記得四年級時曾不堪密集訓練導致情緒崩潰，一度在練球時擺爛，球來了只是站立不動、隨意揮拍，就連比賽輸球時也哭，讓教練形容簡直是「吃到炸藥的一年」。

如今的她心態越磨越穩定，已懂得在比賽前讓自己放鬆的技巧，也在心中牢記教練提醒的「比賽時的眼神要出來」，並知曉這個世界上每個人都不是一帆風順，輸球乃是兵家常事。

球隊組織

組織架構：總教練1位、教練2位、生活導師1位。（暑期額外再聘2位教練協助）

隊員人數：共24人，各年級平均4人左右。

經費來源：成立桌球隊專屬基金，來源包括慈濟基金會、私人名義或花蓮在地飯店的捐款，亦曾入選國泰人壽學童圓夢計畫。

業務項目：主要參與縣內及全國比賽；偶爾也會帶隊員至贊助方分享練球與得獎歷程，讓學童累積公眾溝通的經驗。

比賽選拔方式：每週五為球隊的「比賽之夜」，提供中高年級和程度較好的二年級隊員參與，模擬校外比賽、營造緊張刺激的氣氛，並以此成績作為校外參賽權之參考。

比賽經歷：花蓮縣內比賽曾奪冠軍，並經常獲得前三名，近年亦有高年級隊員晉級參與「少年國手選拔賽」。

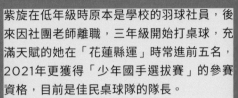

TENNIS

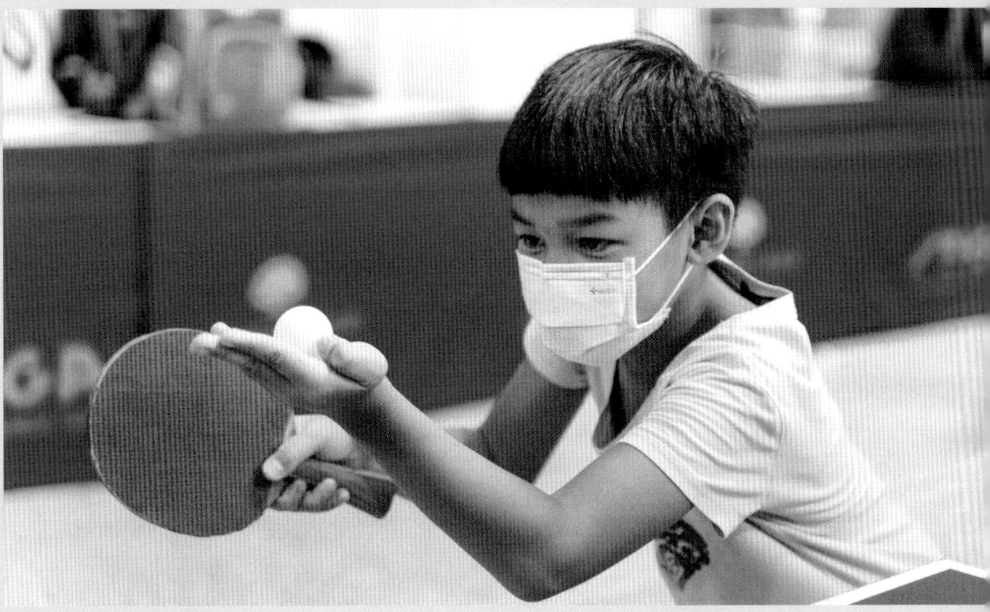

TABLE

戴上熱血拳套，為都市原住民直拳連擊

文字—于念平　攝影、圖片提供—唐佐欣

都市邊陲，在大漢溪流經的新北三峽，一個以原民青年生涯發展為重心的地方拳擊隊，串起了原民在地處境、青年教育和身分認同的議題。不只讓一個個在學校遇到困難的孩子找到努力的目標，也體現三峽都市原住民一體兩面的豐富性和問題，以及其中顛沛的都市原民遷徙史。

地方隊伍的誕生—單位

三峽在北台灣的地景與位置特殊，三面環山，剩下的一面則朝著在此處和三峽溪、橫溪交會的大漢溪。1980年代，溪流的網路帶來了為謀生而往北遷徙的原住民族群，在當地落腳漸成聚落，形成為數不少的都市原住民社群。

從都市原住民聚落誕生的拳擊隊

早年因應社會經濟發展、建案勞動力需求增加，大量的花東阿美族舉家北遷，在汐止到淡水河出口流域之間的河岸邊，一磚一瓦，現地搭起他們的家。其後，政府對此現象的相應政策影響下，推出多個專案國宅計畫，部分此地原民居民住進新店中正國宅，而三峽地區則是晚近才快速發展的原住民聚落。

位於大漢溪河床地的阿美族部落——三鶯部落，形成於1980年代，是三峽境內相對較早存在的河川地聚落。於2008年啟用的隆恩埔國宅，即是因應河川地聚落拆遷而生的安置方案，三鶯部落族人有部分搬遷至此。這些地緣相近、狀態各自不同的原住民聚落共居，於河流沿岸和市區邊陲間長出自己的樣子，「熱原拳擊隊」就是在這片背景下而生。

現任「新北市樂窩社區服務協會」執行長楊佳賢，與前拳擊國手兼社工督導陳哲宇最早的相遇是在2010年左右。當時陳哲宇是原民局駐國宅的維管員，而楊佳賢則在三峽的河岸部落進行社工服務。兩人都是鶯歌人，住家距離又近，因此時常在夜晚風涼時，在國宅附近的便利商店相約聊天。

現為國家代表隊的蘇靜文，休假時回來協助訓練學弟妹。

曾為拳擊國手的教練陳哲宇，
將自身經驗傳授給學員們。

地方隊伍的誕生—單位

聊天內容，多半是兩人觀察到當地原住民青少年面臨的問題，多次談下來發現英雄所見略同，便在陳哲宇離開原民局後，正式攜手合作。

拳擊不是為了教孩子打架

「他們小朋友一開始（指國宅時期）不喜歡我，因為我是管理者的角色。」陳哲宇這麼說。隨著熱原拳擊隊的成形、加上協會工作的累積，日日相處累積情感，他在當地原民孩子心中的角色開始有了轉變。現在協會的孩子不但和他打成一片，玩笑話底下也藏著心中的尊敬。

彼此的關係，從他們事事都能討論可見其情感深厚，就連拳擊隊的名號「熱原」，也是教練與隊員們一起腦力激盪的點子。因為自認是一群「熱血的原住民」，故簡稱「熱原」；而且跟「樂園」諧音，帶有期望當地原民聚落邁向希望的意涵。

「拳擊對這裡的原民孩子有幫助，可以宣洩情緒，又有一個穩定而明確的目標可以努力。」陳哲宇這麼表達。但在隊伍成立初期，遇

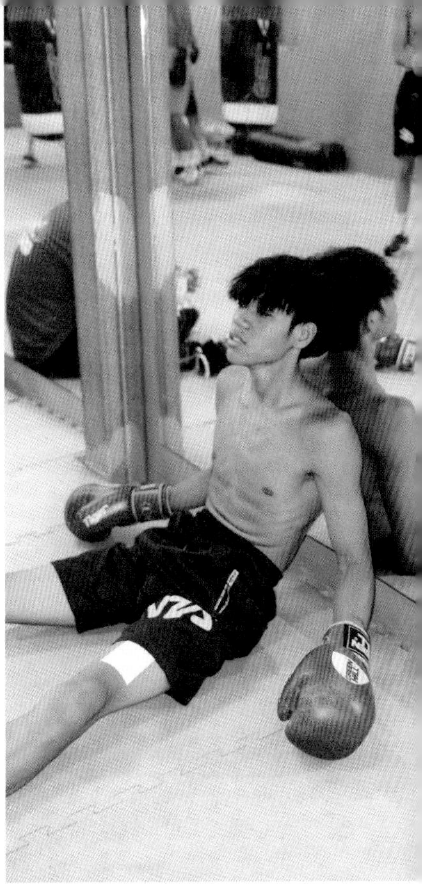

上　平均一年就該更換的拳擊手套，在這裡要用兩、三年。
右　為比賽降體重，往往是隊員們最想要放棄拳擊的時刻。
下　應屆畢業生林俊昱個性溫和，打拳時格外認真堅毅。

到的最大困難就是要破除拳擊運動給人的既定想法，需要說服家長、學校甚至孩子們本身，看見拳擊的價值。

他提到自己是國三時接觸拳擊，同樣身為無法融入班級的原住民小孩，他認為「拳擊」是為了要「封鎖他們（打架）的手」。不過，人們第一時間最容易聯想到的問題是：「為什麼要教孩子打架？」

拳擊隊的隊員主要來自前述那些狀態各異、位在都市邊陲的原民聚落，而協會關注的弱勢原民家庭中，常見的情況是家長為了維持生計奔波勞累，對孩子疏於照看，孩子有課上就不會有太多狀況，一放長假空閒時間變多，常會有各種誘惑；而多數時候，這些孩子還必須在學校承受老師與同學的言語霸凌、疏離，以及被貼上標籤的壓力。

對這群還未能對自己有足夠信心的孩子們，陳哲宇告訴他們：「我們要成立校隊，要在全國比賽中拿名，要向大家證明我們的價值。」

訓練的不只是體能，還有文化認同

熱原拳擊隊發展至今，已是一個頗具規模，且能與地方其他支持系統有默契互相配搭的組織。除

地方隊伍的誕生——單位

了與三峽國中、明德高中、鶯歌國中、鶯歌工商合作，讓協會青少年在學校拳擊校隊穩定發展以外，每週一、三的夜間，青年會在協會頂樓的練習場地，進行拳擊技術與加強體能的訓練；每週二、四則在協會辦公室接受課業輔導。最特別的，是每週五的「教練培力」和每月一次的「選手培力」系列課程的規畫，前者包含運動心理學和文化課程，後者則專注在運動專業相關知識。

由於拳擊隊是在都市原住民的發展脈絡下誕生，這項體育項目就不僅單純是技術與能力的培育，更是與身分認同連結的渠道。因此，課程的安排上，不僅有運動心理師教授如何覺察自己的情緒，還有職業教練前來分享職業運動員職涯發展的規畫；文化課程則含括了原民生活與文化教育，如原民身分認同和自身族群的歷史。協會和教練觀察到，拳擊隊的孩子們對所屬的部落文化並不了解，這讓他們無法產生身分認同。

陳哲宇分享一個孩子的經驗。第一次上場比賽，這個頗具資質的孩子卻在賽局裡動彈不得。「你在害怕什麼？」教練問他。

原來在比賽當下，這個孩子所面對的挑戰與恐懼是雙重的。除了面對場上的強敵，他的心中同時重

現了他在學校受到歧視與差別對待的創傷場景。教練跟他說：「這已經過去了，現在你在場上、你是一個拳擊手，你有力量前進！」

畢業旅行促成環島推廣計畫

2022年，熱原拳擊隊發起一項新嘗試，也算是本屆四位畢業隊員與教練的畢業旅行——環島返鄉拳擊推廣計畫。計畫之所以能發酵，是因為孩子們在即將各奔東西之前，希望能跟教練一起旅行。陳哲宇一向認為，熱原拳擊隊的方法不是只能在三峽發生，藉由環島分享拳擊隊創生的過程，希望讓其他部落能看見原民孩子不一樣的可能。

由教練、協會人員和四位隊員組成的小隊，從樂窩協會出發，途經新竹尖石、屏東排灣族部落、台東都蘭、花蓮賽德克部落和南澳泰雅族部落，以拳擊教學做為文化交流，與不同原民社群分享熱原在地方耕耘的心得與成果，最後一天則回到南靖部落聚會所跟族人和學弟妹分享。

經驗不能完全被複製，但由擁有6年切身經驗的隊員們，協同平日的夥伴們親自出馬，與諸多部落面對面交流，其中傳達的情感和精神或許才是最珍貴的部分。

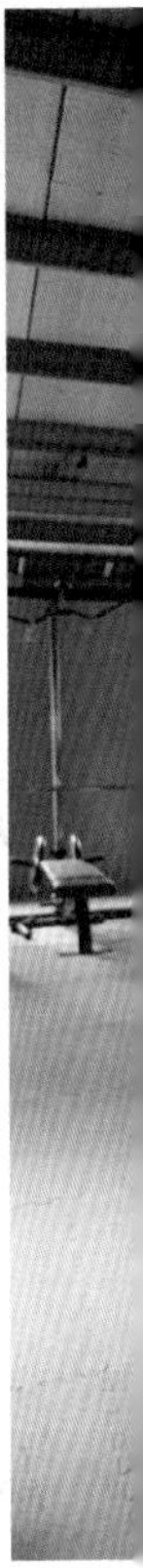

上　環島計畫中，隊員們造訪數個部落與族人學習傳統文化並推廣拳擊。
中　第一次募資成功後，終於租下辦公室打造練習場。
下　在屏東泰武鄉的平和部落，教練與隊員們教排灣族小朋友體驗拳擊。

陳塏棣

18歲 阿美族
明德高中拳擊校隊
91+公斤級

從國小就跟另外三位男孩玩在一起，也跟大家一樣，看見學長加入拳擊校隊後的帥氣身材，而成為熱原的一員。對他來說，拳擊訓練中最辛苦的部分，是賽前為了符合比賽量級而降體重，除了得隨時穿外套加雨衣逼出身體水份，每天母親在家中煮好飯菜詢問時，他卻一口都不能吃，辛苦的程度曾讓他差點放棄拳擊……好在最後堅持下來，也在上場時拿到好成績。

林俊昱

18歲 太魯閣族
明德高中拳擊校隊
69至75公斤級

原本是籃球校隊，某天在操場上看見拳擊校隊的訓練，覺得很好趣而加入拳擊隊，沒想到加入後才發現嚴格的訓練可一點都不好玩，還得拿著啞鈴做衝刺，是他認為最辛苦的部分。平常較為寡言，卻也默默練拳，練不到一年就在全國賽奪得名次。除了與大家一起流血流汗，是永遠難忘的回憶，他認為熱原拳擊隊帶給自己最大的影響，是學會了「責任」。

今年畢業的劉力臣，最難忘卻也最遺憾的事情，是半年前因車禍意外讓腳受傷，而無法參加今年度即將開跑的全中運。申請上暨南大學原住民文化產業與社會工作學程原住民族專班的他，期許將來學成畢業後，能跟教練看齊，結合社工與拳擊的專業，回到協會中投入三峽地方原住民社群的經營與服務。

劉力臣

18歲 泰雅族

明德高中拳擊校隊

60至64公斤級

朱正翔

18歲 阿美族

新北高工散打校隊

60至64公斤級

國三那年，身為拳擊校隊的他，儘管密集訓練好幾個月，卻在全中運賽事的前天晚上，不小心闖了禍而沒辦法參加比賽，最終因積分沒有達標，無法和三位好朋友們一起進入同所高中的拳擊校隊，成為這段日子以來最大的遺憾。不過這並沒有使他們彼此疏遠，四人依然感情融洽、時常在協會相聚，相約之後有空就要回來找教練玩。

球隊組織

組織架構：於2012年成立，由新北市樂窩社區服務協會執行長楊佳賢和前拳擊國手兼社工督導陳哲宇教練共同組織，現則與三峽國中、明德高中、鶯歌國中、鶯歌工商拳擊校隊合作。

隊員人數：由來自三峽、鶯歌不同學校的國二至高三學生組成，初成立時共僅不到5人，目前隊員已經接近50人。

經費來源：協會資金、法人、社福機構的捐助與個人小額捐款。

業務項目：參與縣內及全國比賽，也為社區居民、捐款人舉辦拳擊教學體驗活動。近期則開始環島計畫，到各地原住民部落推廣地方耕耘的成果。

比賽選拔方式：比照全中運參賽資格，審酌前一年總統盃前三名、前一年全中運各組各量級排名前6名。另，各縣市每一量級至多有3位名額，若超額，則進行地方選拔賽。

比賽經歷：多位隊員自2012年起即在全中運各量級奪牌，如今年國中組在全中運奪得八金、二銀、三銅；高中組一金、二銀、二銅。

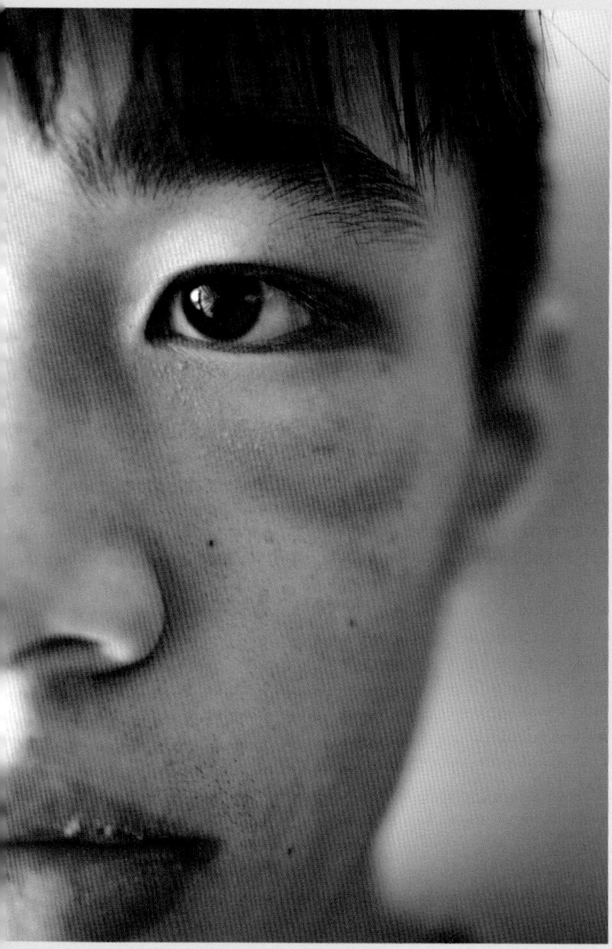

BOXING

澆灌社區，棒球沙漠也能長出綠洲

文字—曾怡陵　攝影—薛穎琦

2018年，在素有「棒球沙漠」之稱的基隆，推動棒球卻徒勞無功的失落棒球員和熱血社工，於「棒委會潰不成軍，總幹事從缺」的時空背景下催生了一支三級棒球隊。球員家長身兼教練，照顧自己的孩子也關照其他孩子，讓平等共融的氛圍在球隊中流動。家扶、醫生、校長的孩子一起練球，上場比的不是背景、學業，是球技和態度。

地方隊伍的誕生—社區

LOCAL TEAM

在基隆市立棒球場的休息區裡，不時傳進球場上的嘶吼聲「滑壘、滑壘啦」，球員家長拿著相機紀錄球場動態，為孩子遞水，也聽著其他孩子的對談，偶爾插上幾句話。坐在由球隊隊員、中輟生和老師合力完成的棒球彩繪牆前，基隆棒球委員會幹事、在地棒球員倪天送在腦中翻找出4年前的記憶。

「霜教練來找我時，我很驚訝。我在基隆推廣棒球10幾年都沒什麼成果。我問他：『啊資源咧？』他說有家扶的資源，我們決定試試看。」

想辦社區棒球隊？先來當總幹事

霜教練是基隆家扶中心的社工霜逸祥，他退伍後返鄉到基隆家扶工作，發現家扶孩子假日沒地方去，容易被外部團體吸引，因而成立壘球隊。2018年，因應家扶的「社區興力計畫」，將服務對象拓及社區，建立預防性社區安全網，他興起將壘球隊轉型為社區棒球隊的念頭，於是拜訪倪天送，希望了解基隆的棒球生態。

「不然你來當總幹事。」倪天送拋出的這句話成為指引霜逸祥的明路。依據棒球場使用辦法，棒委會主辦的棒球活動，得免收場地使用費，這為他省下一年40萬的費用。倪天送坦言，雖然一直想在學

校推動棒球運動，但學校不願投注資源，棒委會也無法大力推廣，現在有了家扶的資源挹注，當然要放手一搏。

為了試水溫，他們找來居住在地的朱鴻森等職棒退役選手辦夏令營，沒想到記者會後兩天內就收到上百封報名訊息，營隊結束後順利組織「基隆家扶Enjoy社區棒球隊」。倪天送說：「第2年學生增加很多，第3年暴增！」但比對霜逸祥提供的數字，成立初期約30位隊員，第二年翻倍到60、70人，第三年成長到70、80人。對於從小打棒球的倪天送來說，「暴增」的語境顯然源於基隆死寂多年的棒球環境。

目前球隊的活動和比賽，是由基隆家扶和基隆棒委會共同舉辦。分工上，倪天送除了爭取場地的租借、管理球場軟硬體設施，在比賽時找裁判、規畫場地，也擔任「門神」的角色。霜逸祥笑了笑，「這裡有一些政治生態的問題，社工的身分不太適合介入利益交換等談判工作。為了讓社區棒球隊有發展的基地，門神要顧著。」至於行政、宣傳、拉贊助等工作項目，就由他包辦。

教練、球員、家長，共同撐起基隆棒球生態

為了建立有利於基隆棒球成長的生態，霜逸祥也想辦法把觸角伸進學校。他以社區教練和教保講

右　因為有隊員家長、棒委會成員的支持，霜逸祥組成的社區棒球隊才能順利運作。（由左至右：林佩璇、周基榮、倪天送、康哲隆、楊羽暄、霜逸祥）

上　不須教練、場地費，加上有企業贊助球衣球具、餐食點心都是半買半相送，球隊得以讓孩子們用低廉的費用享受打棒球的樂趣。

地方隊伍的誕生—社區

LOCAL TEAM

師的身分在地方帶領棒球等球類課程。4年來服務過多所在地幼稚園及國小，也與國中保持友誼賽等互動；到家扶棒球隊受訓的學生，又能挹注學校校隊的能量。他把這種互惠的網絡稱為「基隆家扶Enjoy社區基層棒球運動聯盟」。

棒球隊的球員除了來自家扶，也有循粉專、電話等報名管道進來的孩子，在校人際互動不佳、過動的學生，也常被推薦加入。每個進球隊的人，都要經過霜逸祥「面試」，確保球隊的特殊性能被理解。也因為這一層溝通，大家更能彼此包容。板橋家長楊羽暄說：「我會叫我的孩子不要去批評人家，你不知道對方的家庭可能經歷什麼樣的困難。」

這些來到棒球隊的孩子，由霜逸祥、總教練周基榮及身著「O爸」字樣球衣的隊員家長負責操練。教練康哲隆對打棒球有很深的熱情，在兩個兒子加入球隊後，自己便擔任教練。由於家長週間得上班，因此週六為固定的訓練時間。隊員在早上8：30前完成熱身，接著進行守備和打擊訓練，最後是團隊比賽，大約17：00點前結束。周基榮略帶無奈地說，「學校校隊是每天操，這裡是今天學，明

球隊學長在場邊休息，等待學弟練球結束後上場。

上　球員們輪流練習投球。
左　身著○爸球衣的球員父親身兼教練，在球場上指導球技。

天忘，每個禮拜都要教一樣的東西。有些是家扶的學生，又不能大罵。」接著望向康哲隆，促狹地說：「我是比較溫和啦！康教練比較兇。但球隊就要有黑白臉。」

比賽，不只用來逞英雄，也磨練穩定性

比賽是訓練的一環，練膽識，也驗收成果。最重要的，是孩子們喜歡，「喜歡逞英雄啦。」周基榮笑出了魚尾紋。

首場外地比賽是陽明山盃全國三級棒球錦標賽，康哲隆的妻子林佩璇記憶猶新，「被裁判長說『一支安打都打不出去』，要我們回來好好練習。」但也有讓人振奮的比

LOCAL TEAM

地方隊伍的誕生—社區

上　基隆家扶棒球隊為每個有意願的孩子，安排適合的上場機會。

下　球員分組討論防守佈陣等策略。

訓練結束後有茶點時間，大家可以彼此交流，經營出大家庭的氛圍。

賽。周基榮說，「講個比較漏氣的事情，我從小打棒球打到大，到後來帶隊，都贏不過南部球隊。」但在台中的一場比賽中，他們對戰國手帶隊的南部小朋友，在最後緊張時刻，靠兩球險勝。「我第一次在球場大叫，好像他們代替我贏了球！」當時對戰的是傳統學校，訓練強度高於社區球隊，一般來說輸多贏少。

他們有機會便越級打怪，求的不是成績，而是鍛鍊穩定的心性。霜逸祥說，「真正的『輸得很慘』，是小朋友因為心智渙散而荒腔走板，那樣教練真的會很生氣。」賽後教練會針對表現進行檢討，若觀察到團體動力出問題，霜逸祥便會介入。「光看小朋友失誤時，其他人是打氣還是責備，就可以了解他們的相處狀況。我會找關係人拼湊事件原貌，通常是玩手遊的糾紛，例如朋友拋棄自己跟別人組隊。」

基隆家扶棒球隊不僅只是家長參與度高的親子棒球隊，也是磨練人際互動和吃苦能力的地方，「不能吃苦，就業機會一定是少的。要不要念書是孩子們的選擇，但生活教育可以先給出來。教練、家長或隊友的支持，會變成他們的養分。」霜逸祥常鼓勵孩子未來也成為義務教練團的一員，為球隊的世世代代補充能量，讓每個喜愛棒球的孩子及成人，找到自己的位子。

吳承洋
13歲 海山國中八年級

吳承祐
16歲 南港高工二年級

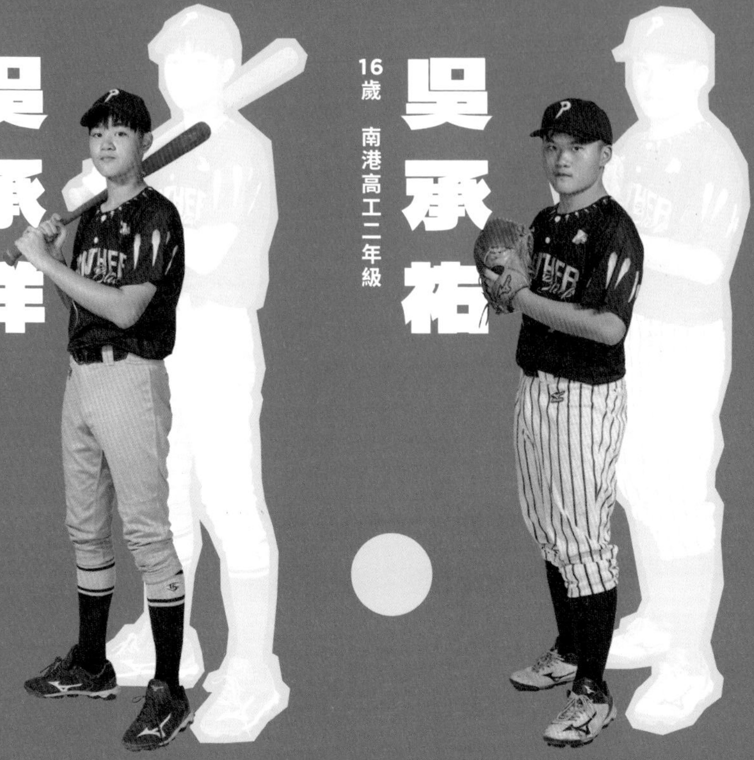

兄弟倆在4年前就加入基隆家扶棒球隊，週末由父母從板橋住家接送到基隆家扶球隊練球。父親吳彥林教球，母親楊羽暄攝影、寫紀錄。

U18隊員吳承祐說，過去懶得運動，週末常待在家看電視。加入棒球隊後最難忘的是在陽明山盃擔任先發投手，雖然比賽結果並不理想。霜逸祥認為，吳承祐可能因為表現相對不突出，曾不想打球。「但我問過祐祐，他其實很喜歡當裁判。」因此建議他持續練球，同時說明棒球產業的其他可能性，例如：裁判、運動訓練師等，「選手的生命很短暫，可能受傷就終止了，其他相關專業會相對穩定。」楊羽暄觀察，吳承祐對很多運動都無法持之以恆，唯獨棒球。在她的鼓勵下，吳承祐心態轉變，連在家也會自發地鍛鍊體能。

吳承洋是U15隊員，因為表現優異，被隊友暱稱為「洋將」。國小時被招募進學校代表隊，曾因密集操練而韌帶受傷，連踏進棒球場都感到恐懼。霜逸祥試著開導，「在我們這裡打球可以彈性調整，看他要當助教，或我們幫他客製訓練菜單。」慢慢地，吳承洋也就重拾對棒球的熱情。

讓吳承洋印象深刻的，是台中的夢想盃比賽。「球隊學弟的實力和經驗雖然比較差，但在球場互動3～4年後，情感和默契加溫，最後拿下冠軍。」霜逸祥表示，吳承洋看過很多大場面，會對夢想盃印象深刻，是因為經歷打球低潮後的首場比賽。「他們打出好幾場逆轉勝，對他來說有點一吐怨氣。對棒球的熱情顯然是活過來了，而且比之前還要好。」

林沂霈

16歲　光隆家商夜間部二年級

基隆家扶球隊唯一的女球員，加入資歷2年，目前為U18隊員。過去都把自己關在家裡，不特別做什麼，也不想去學校。在家扶老師的引導下參加球隊，引發對棒球興趣。每週六規律練球，也會有倦怠的時候，有時覺得疲累，有時遇到瓶頸，怎樣都打不順。在教練的輔導下，學習不將得失心看得太重，也不因情緒而影響表現，把注意力凝聚在當下。

由於平時很少出門，林沂霈特別喜歡參加外地的棒球比賽，因為可以外宿，也可以到處逛逛。曾經跟著球隊去宜蘭大同國小集訓，即使活動被限縮在一個範圍，依然覺得開心。還記得進入球隊沒多久就參加比賽，得到教練給予MVP（Most Valuable Player Award，最有價值球員）的肯定，很受鼓舞。

霜逸祥觀察，林沂霈在加入球隊的初期好勝心比較強，為了追上男生的程度，男生跑操場三圈，她會跑五圈，因此表現比較穩定。後期鬆懈下來後，也就比較找不到自己在球隊的位子。此外，考量林沂霈的家庭能夠提供的資源較為薄弱，預見她將提早自力更生，希望能慢慢激發她各個面向的能力，出了社會比較容易找到舞台，於是安排她擔任U8的助教，學習紛爭排解等領導技能。從過去脾氣差、缺乏耐心的狀態，如今已經能夠展現一定程度的領導風範。

球隊組織

組織架構：U8（5～8歲）、U10（9、10歲）、U12（11、12歲）、U15（國中生）、U18（高中生）、教練（成人乙組）。

隊員人數：U8～U18約50、60位，成人乙組長期出席約15位。主要來自信義非營利幼兒園、*武崙國小、*和平國小、*忠孝國小、*信義國中、光隆家商、二信高中、中山高中、聖心高中等學校。（*擁有自己的棒球社團）

經費來源：

捐款：大日開發有限公司、扶輪社、獅子會、民眾小額捐款。

隊費：部分隊員由社區家長自費，家扶與社區中經濟弱勢族群由家扶中心自籌經費。

餐點捐助：武嶺街好口味漢堡、鮮乳坊。

業務項目：主要為社區棒球隊招生、到學校球類運動社團當講師，提供基隆孩子學習打棒球的機會。

比賽選拔方式：報名前先說明比賽性質（軟式棒球或硬式棒球、對手是社團或體育班、年齡規定），達到12人就停止報名。現場比賽時，帶隊教練會依據比賽性質和報名隊員的程度調整隊形。若是競賽程度高的比賽，就會以最佳陣容應戰，安排實力穩定的球員上場。否則會讓比較少機會比賽的隊員上場，增加臨場經驗。

比賽經歷：2018年以來累積50～60個盃賽，指標性盃賽如嘉義諸羅山盃、宜蘭兆豐盃、台北陽明山盃等。

LL

PANTHER
39

BASEBA

摔出裂縫的光

文字—王巧惠　圖片提供—王明亮
插畫—zoolavie

「當你沒有努力到最後，你永遠不知道你的巔峰在哪裡。」王明亮自嘲小時候連跑步都會跌倒，只因同村玩伴加入角力隊，小學五年級的他主動要求入隊。每晚７點到９點的訓練時間，和家中的風暴同步上演，角力隊自此成為避風港般的存在。

玩伴相繼退隊，王明亮也曾萌生退意，然而當他在全國賽取得佳績，角力點亮了他的生命。生在新住民母親與早逝的酗酒父親所組成的家庭，少年敏感於外人不友善的目光，角力讓大家對他刮目相看，也讓他長出肯定自我的力量。

求學期間屢屢奪牌，王明亮在母親的鼓勵下就讀體大，卻陷入低潮期。２０１７年的亞青賽原是他放棄角力前的最後一戰，他在不被看好的情況下，以壓制勝一舉拿下銅牌。場邊爆出熱烈喝采，和初次獲獎時同樣響亮，喚醒他練角力的初衷。

回到起點，為馬祖角力隊創造正循環

藉由角力訓練出強大的身心，王明亮在課堂及賽場上都交出漂亮的成績單，並於２０１９年獲得總統教育獎。這樣的成果在本島應有許多發展機會，他卻毅然回到故鄉馬祖，「站得越高，越要知道自己為什麼可以到達這個高度。」2020年，王明亮回到母校馬祖高中執教，也回到培育他的角力隊擔任教練。

1989年成立的馬祖角力隊，由於當地少有晚間娛樂，加上同儕呼朋引伴，如今成員從小學到高中都有，且遍布南竿、北竿、東引，這個非正規的體育班，由包括王明亮在內的教練團負責指導。王明亮有些惋惜地提及今年加入了來自東引的高中生，以他們的資質與熱忱，若能早點打下基礎，此時或已嶄露頭角。角力隊為此商請在東引服役的學長協助，或利用假期前往教學，希望將角力帶進四鄉五島。

看見過去的自己，用角力照亮馬祖孩子

角力隊學生多半來自弱勢家庭，王明亮同理他們的需求，也希望這項運動能為他們帶來更好的發展。當年由於經濟因素放棄爭取奧運參賽資格，他坦言至今仍感遺憾，王明亮為學生尋求經濟援助，並積極爭取課後輔導經費，也希望提供出國訓練或參賽的機會，只為讓他們心無旁鶩地追夢。

角力隊在選才上並未設限，王明亮陪伴學生經歷從無到有的過程，即使角力可能只是他們人生中的一塊跳板，更重要的是這段期間打磨出來的態度。「看到這些孩子，就像看到自己的影子，讓我覺得自己的付出是值得的，選擇返鄉的這個決定是對的。」王明亮對角力隊的孩子有信心，當他們專注於每一次的練習、每一次的摔，就有機會為自己摔出不同的生命風景。

角力筆記 Wrestling

發展起源

角力是一種兩人徒手相搏的競技項目，其發展歷史悠久，可上溯至古代奧運會。世界各地發展出不同的角力型態與規則，中國的摔角、蒙古的搏克、俄國的桑搏、日本的柔道和相撲等，都屬於角力的範疇。1896年第一屆奧運將希羅式角力列入比賽項目，1904年加入自由式角力。角力目前在日本、美國、印度、伊朗、吉爾吉斯、哈薩克等國皆列為重點項目。

在台發展

這項運動在台灣發展至少逾50年，能見度卻始終不高。直到2016年角力選手陳玟陵拿到里約奧運門票，以及電影《我和我的冠軍女兒》上映，加上電視媒體轉播，角力終於摔進大眾的視野。實務上因全中運、全運會等全國性運動賽事將角力列為一般項目，各縣市學校在角力項目的推展越來越多，目前除了澎湖、金門、花蓮，各地皆設有角力隊。

賽制

角力比賽一場兩回合，每回合最多3分鐘，得分高者獲勝。如出現壓制勝，則不計此前得分情形；當比賽得分差距過大時，裁定大差分優勝。

得分方式

角力取勝有壓制勝和分數勝兩種。壓制勝是讓對手雙肩著地，經主副審認定，即為整場勝出，無須繼續下一回合。計分則有以下四種方式：使對手出界，得1分；摺倒對手或在地面戰使對方陷入危險狀態，即肩膀與角力墊間的角度小於90度，得2分；摔出對手使對方陷入危險狀態，得4分；使出大幅度技術動作，得5分。

規則說明

目前國際賽項目有希羅式與自由式，希羅式僅有男子組，自由式則分為男子組與女子組，並依體重區分量級。選手身著紅色或藍色的緊身角力衣，在直徑7公尺的中心比賽區內，運用單臂、扶腰、抱頭、塔庫魯、肩車等技術，將對手摔倒以取得分數。希羅式僅能使用和攻擊腰部以上的部位，自由式則可使用和攻擊全身部位。

地方情書

當年獲頒總統教育獎時，王明亮許下返鄉回饋的心願，而後也如願回到馬祖執教。今年他的學生劉玉婷獲得總統教育獎，還是小學生的她將未來目標定為返鄉當教練，幫助和自己一樣的孩子。如是一代一代地洄游，令王明亮感受到自己既是付出，也有收穫。

比起一眾熱門運動項目，角力相對冷門，在經費申請上往往較為困難。但是當他看見曾遭受同儕排擠的孩子，因為在比賽中贏得兩張銀牌，重新展露自信的面容，王明亮就有動力繼續燃燒自己。然而，由於馬祖各級學校多半只有一個正式體育教師員額，目前仍為代理教師的他，也必須為了生計，一邊準備其他科目的教師甄試。

回顧自身經驗，王明亮相信角力可以幫助學生翻轉家庭、翻轉自己的人生、達到自己的目標。他關注他們當下的狀態，也將他們的未來放在心上。地方上對職涯的嚮往普遍獨尊公教或從醫，王明亮希望馬祖孩子都能做自己想做的事情，嘗試媒合企業提供選手就業機會，讓家長更放心讓孩子投入角力。

曾經受到故鄉照顧的他，持續為馬祖培育角力明日之星，讓馬祖因角力而被世界看見，也希望為故鄉帶進更多資源。

種下柔道的種子

文字—王巧惠　圖片提供—陳慧欣
插畫—zoolavie

「我希望我的孩子們長大後回想練柔道的這段期間，他是很快樂的，我覺得這樣就足夠了。」2011年成為台東唯一正式的柔道專任運動教練，陳慧欣先後在大南國小及太平國小任教。她以遊戲的方式引發學習動機，從自己的心出發，走進學生的心。

小學三年級開始接觸柔道，陳慧欣自認選手生涯表現並不突出，但她始終記得，面臨父母離異的打擊，柔道隊帶給她家的歸屬感，成長過程或有失足，教練總會及時拉住她。「以後如果我也當教練，希望能成為這樣的教練。」這個志願種在她心中，偶然在台東萌芽茁長。

30歲前都住在台北，嫁到台東的陳慧欣，起初並不適應，想家時就去7-11，只因進門的叮咚聲和台北的一樣。她在柔道隊收穫陽光般的溫暖人情，有校方的支持，有家長的信任。台東的土會黏人，如今她反倒不習慣台北生活。

當地教練齊心推廣，讓柔道在台東蔓延

柔道在台東過去是以道館、警察機關為主的社會體育，近20年演變為學校體育，是全國唯一五級發展的地區，從小學四校、中學兩校，再到高中、大學、研究所，金字塔形培植出最頂尖的柔道選手。

然而，體制內以成績掛帥，陳慧欣認為柔道也是防身、健體及品格養成的運動，在學校與社會並行才是長久之計。

「柔道是比球類更需要合作的運動，因為它需要和不同體型的人進行很多練習，選手才會進步。」

不只在道場上合作，陳慧欣擔任總幹事的台東縣柔道委員會中，教練群不分你我，共同利用寒暑假辦理柔道訓練營、邀請外縣市隊伍進行對抗賽，同時尋找適合推展柔道的外部空間，希望為台東開發更多接觸柔道的機會。

重視品格教育，傳承自他共榮的精神

重視禮節的柔道無論在練習或比賽中，都必須始之於禮、終之於禮。「柔道和打架要贏都要把對手制伏在地上，如果抽離了禮貌，柔道就跟打架一樣。」承繼教練的教誨，陳慧欣以柔道的品格教育做為博士論文主題，也在教育現場積極實踐。或許孩子們有一天不再練柔道，但在隊上培養出的品格，將會伴隨他們繼續成長。

陳慧欣認為擔任教練一職，是她成長最多的階段。執教初期曾陪學生探視獄中服刑的母親，她在這裡不僅訓練學生的體能與技能，也練習接住成長背景各異的孩子。陳慧欣發揚「精力善用、自他共榮」的信念，和學生互相鼓勵、共同進步、分享榮耀。即使學生終究會畢業四散，仍會在遭遇困難或得獎時想起她，而她也一直在這裡，以柔道精神繼續守護台東的孩子。

地方情書

經過10餘年的耕耘，陳慧欣種下的柔道種子早已在台東開枝散葉。最令她自豪的，是長出三位獲得總統教育獎的孩子。其中林彥呈、林宇涵是兄妹，父親因病早逝，由母親賣蔥油餅獨力扶養。在母親的託付下，兄妹倆先後成為她的學生，小小年紀便展現積極進取的意志，在學科和術科都取得優異的成績。獎項既是對這些孩子的肯定，也讓陳慧欣更加堅定地走在實踐理想的道路上。

她在每一個加入柔道隊的學生心中種下一顆種子，深信柔道運動中的品格教育，能為他們養成堅忍不拔和以禮相待的性格。然而，每個孩子都有他們各自的生命課題，不同的家庭背景也深深影響他們的成長。「你可以改變孩子，可是你無法改變他的家庭。」曾經遇到說謊成性或出現問題行為的孩子，卻發現這些作為都是從原生家庭複製而來，陳慧欣無法確知自己種下的種子能否發芽，卻仍盡己所能地灌溉著，相信只要將柔道精神深植在每一個孩子的心中，他們將會盛放出各自的燦爛。

不只是帶領柔道隊為學校、為地方爭取更多榮譽的伯樂，陳慧欣也是孩子們的心靈農夫，讓柔道運動可以在台東陪伴孩子們成長，爲他們帶來更豐富的人生。

柔道筆記 JUDO

發展起源

柔道發源於日本，1882年由「柔道之父」嘉納治五郎創立，改良日本古柔術，以「精力善用」、「自他共榮」為核心理念，體現日本民族精神。日本政府於1911年將柔道列入學校體操科項目，柔道運動自此推廣至全國。初始以強身健體、修練武道為目的的柔道，如今演變為普及全球的競技運動。1964年，柔道列入奧運正式比賽項目。

在台發展

當前柔道在台灣並非主流運動項目，常與跆拳道、空手道相混淆。其實，柔道早在日治初期即於全台各地推展開來，配合當時的法令納入學校授課項目，各州、縣也紛紛設立包含柔道場在內的武德殿，帶動全台學習柔道的風氣。隨著政權轉移，柔道由於國民政府去日本化的政策，在台灣逐漸沉寂。2021年，楊勇緯拿下台灣首面奧運柔道銀牌，柔道這才重回台灣大眾的視野。

賽制

柔道比賽採單淘汰制，國際賽事為一場4分鐘決勝負，當雙方僵持不下則進入黃金得分時段，比賽將延長至其中一方得分獲勝或犯規三次吞敗。

得分方式

在規則演進下，柔道的得分從過去的四個等級，演進成目前分為半勝（日文「技有」）和一勝（日文「一本」）兩個等級，兩者的差別取決於對手的著地面積和整體動作的流暢度，先取得一勝或兩個半勝者獲勝。除了將對手摔倒得分之外，犯規（日文「指導」）得分、壓制得分都是判決勝負的依據。

規則說明

賽場上可以使用的技術有用於摔倒對手的「投技」，以及用於壓制對手的「固技」，為避免選手受傷，「當身技」僅能在訓練中使用，上述三者為粗略的分類，各項又可衍生出諸多技法。重視禮節的柔道，賽前、賽後皆須以立姿禮或坐姿禮向對手致敬。在服裝規範上，選手應身著白色道服（國際賽一方著藍色道服以便區分），並繫上以顏色區分段級的腰帶。

場上場下的心理抗衡

運動場上的選手，試著在聚光燈下努力展現平日累積的成果，事實上，場邊支持者的反應、主客場的環境差異、背負代表地或學校出賽等客主觀條件不同，都關聯著選手的表現，也為選手和觀賽者帶來不同層次的心理反應。

張榮斌
一位熱愛運動的心理師，大學時因喜歡運動進入體育學系，又在體育與生活中體會心理學對人與團體的重要性，而跨入心理學領域。平常關注運動賽事之餘，也利用時間進行馬拉松、自行車等運動，並經營「張心理師的運動處方箋」粉專及IG頻道。

文字—張榮斌　插畫—zoolavie

Q1. 比賽隊伍冠上地名，會讓人們更容易認同賽隊嗎？

A

2021年剛結束的奧運比賽，大家腦海中殘留哪些記憶？我想，最鮮明的應該是中華隊羽球、舉重、柔道、體操等等精彩表現，但如果不是因為奧運、不是因為這些選手身披中華隊隊服，我們很少會去關注選手的表現與狀況；原來是中華隊的隊服連結了你我，一起關注這些賽事與選手，一同享有這段期間的熱情與投入。

生活中我們經常尋求有相似特質的人們，自然而然地與相似的人形成團體。進入團體可以使生活安定，有歸屬感，使生命得以延續，甚至可以完成無法完成的目標。當團體的凝聚力夠穩定時，也會對自己所屬的團體產生優越感。

因此當所屬的地區，出現象徵地區的比賽隊伍，自然會產生親近與優越感受，覺得自己與隊伍有強烈連結，進而將期待加諸於上，期待隊伍可以拿出亮麗的表現，為地區與自己爭光。也因為如此，我們更容易投入精神、行動與物質來協助代表我們的隊伍，如同賽隊中的一份子。

另外，因為是自己生活的所在地，很容易接收到關於隊伍的資訊，例如某選手出現在知名餐飲店、某選手的親人是同學、地區隊伍又得名等等相關訊息，這都可能加深對地區隊伍的熟悉度、認同感與連結感。

Q2. 支持者為什麼會有狂熱現象，甚至出現吵架動手狀況？

A

常聽聞一些體育盛事出現衝突，有人認為這些滋事份子是因為飲用酒精或是睪固酮上升，使他們較難控制自己的行為，其實，這其中包含了一些心理因素。

許多人常會投入期待在支持隊伍身上，希望隊伍有好表現，因此當支持的隊伍表現受到威脅時，就好像自己的成就或優越感受到威脅，而對對手或其他因素產生敵意。

如果可以覺察自己心理層面的變化，應該不至於出現吵架或動手行為，但是如果未能注意到自己的狀態，而將這種威脅感歸因為外在隊伍或他人所造成（外歸因），就很可能會表現破壞性行為。另外，當我們處在高度凝聚力的團體中，可能會忽略掉其他訊息，只以符合團體立場的資訊來行動（團體迷思），或是團體成員互相依據成員間的行為來行動（從眾）。

例如當我們支持的足球隊表現不如預期，可能會認為球隊之所以輸掉比

賽是裁判在禁區的不公平判決（外歸因），且因為自己及其他支持者的不滿與失落，鞏固了「裁判不公，我們全部都很生氣」的信念，認為全部的支持者「都」很生氣（團體迷思）。這時如果有支持者先出現「點火」行為（也許只是某個喝醉的球迷先丟了個酒瓶），就會引發群眾接續的破壞行為，又因為球迷間彼此的從眾行為而越演越烈。也因為個人特質在團體中並不突顯，當我們認為自己只是A球隊支持者的其中之一時（去個人化），較不會注意到需要為自己的行為負責，所展現的行為可能就更具破壞性。

值得關注的是，有時候支持者的破壞行為不一定只針對對手那方，有時當支持者對於支持隊伍表現感到失望時，有可能使他們感到挫折、失落與憤怒。如果這些負面感受未能適當消化，也可能轉變為對支持選手的破壞性行為，例如謾罵、網路霸凌或暴力行為。像過去也曾發生過中華棒球代表隊表現不如預期，受到許多球迷對於選手表現與教練調度的質疑與謾罵。

那要如何避免這樣的狀況？首先，我會希望大家能對自己的失落與憤怒有所覺察，理解自己的情緒才能抑制自己的行為。其二，有負向的情緒在所難免，但請用適當方式來表達，避免造成他人與物品的傷害。其三，群體間應試圖表達一些正向的想法與情緒，例如輸了這場比賽，或許是一次體會到不足的機會，才能有改進空間，期待下一次的挑戰，當群體間有正向的想法在傳遞，就可以減緩單純以不滿情緒主導的團體迷思。

Q3. 選手到主客場比賽時，會有什麼心理狀態？

A

有次我到偏僻的山區參加馬拉松比賽，必須先開車穿越山中小徑才能抵達賽場，由於對路況不熟悉，抵達會場時幾乎要開賽了，偏偏又找不到停車位，繞了幾圈終於找到位置，沒想到離會場居然有一公里多，只好加快速度狂奔，剛好趕上檢錄與鳴笛出發的時刻。但也許是這一路的緊張感，我突然好想上大號，不得不先找地方解決……最後，雖然終能完成一場林道的小超馬，但因賽前已經消耗大半體力與精神，遠比預計時間晚了近一個小時，感到相當挫敗。

我們到遙遠的城市去參加體育賽事，雖然比賽前後作的準備與規畫，與平常不會有太大區別，但是到一個陌生的地方時，這些平常不過的事物，可能就不再那麼平常。可能會因為要找地方熱身而煩惱、因為要喝水而煩惱，甚至在內急時也很難找到適切的地方解放……這些其實都在無形中累積我們心理上的壓力，甚至增加生理的緊張與激發狀態。如果選手的心理狀態未能有效因應這些狀況，可能就會陷入內心焦慮、生理緊張及過度擔心的循環中，甚至會呈現災難性思考，而影響比賽表現。

普遍而言，選手在主場進行比賽，會因為有較熟悉的環境、觀眾及身心狀態，能夠較適切的展現自己平常訓練所累積下來的成果，只要將焦點放在維持自己的表現。而到客場比賽，要面對不熟悉的環境因素，如氣溫、時差、場地等等，甚至要面對相對較不友善的觀眾，所要面對的處境更為複雜，這對身體和心理都是一種挑戰。

所以當到不熟悉的地方參加比賽時，可以透過幾個方式讓自己有更完整的準備。

首先，時間允許的話，應該給自己充裕的時間事先熟悉環境，參加國際賽事的選手們，其實都會提早好長一段時間到比賽舉行地熟悉環境，調整好時差、適應氣候、了解環境等等。其二是，如果需要到不熟悉的地區參加比賽，可以事先設想好在比賽前後及比賽時的需求是什麼，並提前做出對應準備；例如比賽前需要暖身的環境，就可以事先詢問主辦單位是否能提供，例如比賽時需要適當的能量補給品，但不確定比賽地區是否能協助時，就應該設法在出發前提前準備。

其三，保持彈性的思考與心情，如果可以就盡可能做好準備，但如果不行也不要一開始就認定這是一個糟糕的狀態，發揮我們的彈性思考，試著尋找各種替代方式，沒有跳繩可以暖身可以試著原地開合跳，沒有足夠的能量補給品，就借一下小孩的巧克力棒，也許這種充滿彈性與樂觀的心態，會創造不一樣的表現與佳績！

Q4. 代表地區或學校出賽，會對選手造成什麼心理影響？

A

前陣子我在慢跑的社團中看見一件印有「全村希望」的衣服與毛巾熱賣，可見大家對於自己可以成為歸屬團體的代表感到相當榮耀。

但事實上，當選手真的處在這個位置時，並非我們認為的只是在享受眾人目光與榮耀而已。選手本身如何看待自己的角色，變得相當重要，假設他認定自己是可以肩負這項使命並展現實力，那他的表現就可能較為突出，但如果選手對於這份角色的使命感到難以承擔，就較難以展現適當的表現。

當選手成為代表而出賽時，他所屬的團體如何看待他，也是很重要的一個因素。當選手感受到背後的支持是穩定且溫暖的，將有助於選手展現適當表現，甚至在面對壓力情境時，也會因為適當的支持而為壓力緩衝，維持優異的表現。

Q5. 觀賽群眾的反應，會如何影響選手心理？

A

偶爾會聽聞原本表現突出的選手，突然在某次比賽中失誤，而失誤不只影響比賽本身，甚至影響選手後續的職涯發展，從此一蹶不振。我們普遍都認為在觀眾面前，選手的表現較佳，但其實這問題比想像中來得複雜。

首先，我們所操作的動作是否為可勝任的動作，會與觀眾的存在與否有交互作用。如果今天進行的動作是簡易而熟練，在觀眾面前就能有較好的表現，反之要進行的動作是較不容易或不認為自己有資格的，在觀眾面前展現時，心理上就會視這種情境為一種威脅，而較難有好的表現。

接著，觀眾與選手的表現很可能形成一種特殊的加乘作用，例如當選手表現好時，可能會獲得觀眾熱烈的喝采與歡呼，促使球員展現更優異的表現，又再獲得更佳的觀眾回饋；反之，當選手表現不佳時，可能會接收到喝倒采、謾罵或不禮貌的行為，使球員更難有好表現，也加劇觀眾負向的影響。

有些選手也會因個人特質而對觀眾的反應有長遠影響，例如某位棒球選手曾在觀眾面前失誤漏接後，接受到觀眾負面評價，選手內化這些不當的自我評價，使其在往後的訓練與比賽中內心都可能再度經歷這種負面的評價，而影響其後續的運動表現，使表現不好與負向自我評價重複驗證。

觀眾對選手的表現影響如此強烈，可以怎麼處理呢？主要有兩個方向，其一是，改善生理激發的策略，比賽時有適當的生理激發狀態有助於表現，但如果因觀眾因素導致激發狀態過度，

可能會過度消耗能量或肌肉緊繃，就需要運用放鬆技巧或意象訓練，協助改善過度狀態。其二，維持注意力的策略，運用一些技巧維持專注在自己的表現上，避免外在因素的干擾，技巧有：關鍵字（運用關鍵字提醒自己專注在自己的表現或動作中）、例行性動作（專注在自己過往習慣的動作中，有助於觸發後續穩定的表現，如棒球打者打擊前的揮棒動作）、減敏感訓練（設想可能遇到的狀況，並模擬處理方式，當真實遇到這些狀況時，就可較穩定的維持表現）。

人與人、人與地的運動詩篇

王祖鵬
筆名溫溫凱。曾任金馬影展第4屆亞觀團，現為台灣影評人協會成員，過著電影即工作，工作即生活的日常。經營有FB粉絲專頁「地下電影」。

文字—溫溫凱　圖片提供—MyVideo

2021年夏天，因COVID-19疫情延宕一年的東京奧運終於登場。這一年，台灣代表隊繳出的優異表現，層層堆疊出台灣人的澎湃激昂，民族主義在島嶼勃發——奪金、摘銀、獲銅時，國人的情緒幾乎沸騰。

翻滾三部曲，翻過宜蘭跨向世界

其中，「鞍馬王子」李智凱在競技體操男子鞍馬項目，以總分15.400的高分，拿下台灣奧運體操隊史首面銀牌時，由林育賢執導的「翻滾三部曲」《翻滾吧！男孩》、《翻滾吧！男人》、《翻滾吧！阿信》，彷彿再度躍上眾人眼前，當時眾人無不異口同聲地說：「看！李智凱終於像片中一樣『完美落地』了。」

《翻滾吧！男孩》、《翻滾吧！男人》兩部紀錄片乘載著李智凱從幼童到成年的故事；《翻滾吧！阿信》則透過劇情片的演繹，傳遞導演林育賢的哥哥——林育信的故事。

這三部片中的體操男兒，基本是從宜蘭為本位出發，而宜蘭的地域性，成了這群選手的獨特連結。

在宜蘭，李智凱自小就在菜市場內倒立橫走，與社區居民產生顛倒看世界的普世情感，而「菜市場凱」數十年的苦練，在鏡頭下、現實中凝鍊成了「鞍馬王子」，體操

品質保證

運動帶著李智凱翻過宜蘭社區，背後蘊含跨向世界的視野，體現出《翻滾吧！男孩》、《翻滾吧！男人》重要的精神意義。

《翻滾吧！阿信》向觀眾透出「歹路毋通行」的整體氛圍，浪子面對人生這道無情巨浪，終將回頭返岸，而之中改變「人性」的關鍵，自然就是體操，體操在片中成為歹囝仔回歸正途的浮木，沉潛於片中的符號意象，成了重要筆觸。

縱看「翻滾三部曲」，觀眾皆能看見運動改變個人乃至群體的力量，體操能讓李智凱從菜市場躍上東奧舞台，以個人名義背著台灣負重前行；同時也能讓林育信拾回自我，最終回饋社區。

一條繩子，重凝甲仙社群意識

再把時間軸往上個10年回溯，2009年8月初，莫拉克颱風侵襲，重創高雄山區，南台灣活水血脈的高屏溪流域三大支流——荖濃溪、旗山溪、隘寮溪皆遭受劇烈動盪，在自然環境的急速變動下，莫拉克颱風導致甲仙區小林村遭土石吞噬，462人罹難。

至此，小林村的滅村事件與八八風災畫上等號，同時深植於高雄甲仙——中年人絕望、年輕人出走、孩童們無力，抑鬱幻化成這片土地的另一種負面肥料，愈是以此餵養、愈是無法脫困。

在這樣的地方逆境，留下來的

甲仙居民「緊抓繩子」，在拔河運動中，一步一步下蹲、後退、吶喊，靠著集體力量，反倒深掘出情緒宣洩的破口，試圖猛吐悶氣，往前邁進。

拔河是較為另類的運動，所有運動幾乎皆靠著「向前」獲取勝利，但拔河卻需不斷後退，才得以戰勝對手；至於拔河與甲仙居民的特殊性、互文性造成的地方影響，在導演楊力州的鏡頭捕捉之下，從一條繩子進而交織成一張綿密的生命之網，成了紀錄片《拔一條河》。

《拔一條河》述說甲仙居民，讓孩童們參與拔河比賽，進而提振自我士氣、建立地方認同；至於大人們則積極作為後勤，支援比賽。接著再從學校、社福、便利商店等單位組織，鋪張成地方社區的有力網絡，逐漸承接起遺失的自信。

尤其影片前半段，楊力州以俐落的交叉剪輯，將孩童們拔河的畫面，與莫拉克颱風災難做出富含力量的對比，在創作者有意識地透過剪輯創造出的敘事邏輯下，以拔河對抗災難的鮮活姿態也就不言而喻。「拔河」成了甲仙的寄望，不僅是參賽的孩童選手，成人們也以甲仙之名對賭，得以在散落一地的悲傷，窺探一處微光。

《拔一條河》的敘事是縝密而廣泛的，楊力州不僅觀察到甲仙當地的失落，甚至洞悉了這片土地不容忽視的新移民群體，將新移民納入敘事脈絡，在八八風災的陰影

下，談論這群來自越南、柬埔寨、菲律賓等地的新移民，如何在此生根，成為甲仙的枝枒。

經過楊力州的爬梳，片中將新移民家庭、隔代教養的困境鎔冶一爐，成了另一種可觀敘事，甚至輻射出某種地緣的離散乃至親密性，再佐以料理、戲劇、運動等面向揮灑情緒的出口，而楊力州的鏡頭落地生根，表面看似將視角放在孩童與新住民，實則映照甲仙的集體民眾，並重新賦權於新移民的勞動女性。

從個人到集體，再從集體轉至個人，最終，八八風災的失落與遁逃，將甲仙居民牢牢繫於繩上，從雙手、大腿到腳掌，體現拔河運動創造的全村精神，煥發了其集體性。恰恰，這樣的集體性，在另一部講述拔河的劇情片《志氣》，就是最重要的核心主旨——「拔河沒有個人英雄，是團隊的精神顯現。」

顯影地方運動，扭轉宿命的力量

《志氣》與《拔一條河》相同，皆在2013年問世，此片改編景美女中拔河隊贏得世界冠軍的過程，由張柏瑞執導，郭書瑤、莊凱勛、楊千霈等人主演。

郭書瑤飾演的角色李春英，初升高一，遠從台中追分前往台北就讀體育班，以出人頭地為由，背負

年邁阿嬤的期待，加入拔河隊。在此，就能看見導演張柏瑞在建立角色基調時，立刻將地域性的差異圈畫出來，「偏鄉」與「城市」的對比是顯而易見的，運動能扭轉宿命、成就自我的隱性力量就此奠定了《志氣》的敘事。

在片中，除了能看見李春英的成長曲線之外，也加入遭致家暴的少女議題、需要補助的家庭以及擺地攤的夜市人生，這些角色的改變（或不改變）都成了運動如何影響（或不影響）個人的典型化象徵。

然而，《志氣》與《拔一條河》不同的是，《拔一條河》著眼於地方發展與連結，《志氣》則是望向國際，片中看到角色們從地區型學校一路挑戰全國，最終走至國際；由小至大來看，《志氣》的故事是勵志且揚善的，最終它呈現了自我以及團體間的相互作用，如何「以退為進」成了此運動的重要思辨，而或許，這就是拔河與人生角力過後的鮮明主旨。

KUSO桌球隊，以運動點燃個人與群體的夢

如果說，「拔河」是後退的運動，那麼，紮穩馬步、無論正反拍都需朝前推打的「桌球」，就是前進的運動。

來自日本，由新垣結衣、永山瑛太主演的《乒乓少女大逆襲》，就以桌球運動為主，描述落魄桌球天才少女以及失意喪志拳擊手，兩名魯蛇拾回踏進一步的勇氣，並捶打出突破困境的毅力。

《乒乓少女大逆襲》全片輕巧靈動，信手捻來皆是可愛的日本風味，以桌球對比生活的寓意也不矯揉造作，而在桌球「往前推進」的浪潮之中，新垣結衣與永山瑛太的諸多不如意，就從中幻化為「乒」、「乓」兩聲脆響，隨風而散。

然而，表面看似較為「屬人主義」的《乒乓少女大逆襲》，其實也暗藏著「地方」的情感連結，導演石川淳一在片中默默放進「運動」擁有讓偏鄉重新團結的力量。

這種重生的力量來自於，角色們從即將倒閉的地方老舊桌球館苦練，隨著故事推演，最終打進全國

桌球大賽神奈川縣預賽的決賽，而在這樣的旅途中，從出發到歸返，進而增添地方聲望、拯救桌球館，活絡地方生態，端看最後一場戲，桌球館爆滿的推擠人潮，就能知曉運動賦予地方的意義。

在此必須注意的是，石川淳一不僅闡述了桌球如何活絡地方，甚至也藉此紓解角色過往的遺憾心結，尤其是新垣結衣在片中對已逝母親的虧欠，也因桌球館的復甦，有了宣洩的滿足。

從個人到地方，再從地方走向全國，最後返回初心，這樣的路線循環，成為《乒乓少女大逆襲》片中一則人與人、人與地的運動詩篇。

整體而言，無論紀錄片或劇情片，世上不乏講述運動類型的影像，在上述作品當中，皆能有意識地看見該運動，如何從當地個人影響至社區（群），在這些電影文本中，運動與地方、與人物之間的扣連，皆產生有機的化學效應，值得讀者／觀眾進一步探究省思。

場邊時刻

文字、攝影──王紹儒

台灣貝比魯斯棒球聯盟的比賽，頒獎是由孩子互相頒給對方，因為輸贏之外，也要尊重對手及感謝對方讓你有今天的表現。每場比賽不僅有MVP，輸掉比賽的球隊也有值得被鼓勵的選手，因此有了MCP最佳貢獻的獎項。豐田國小的小選手第一次上場，獲得機會的他拼命跑回球隊得分，教練很開心的鼓勵他。

SIDELINE SHOT

一瞬直擊

高雄立德棒球場的棒球比賽，午後雷陣雨時常打亂比賽節奏，場邊等待的小選手還是認真熱身，透過紅土上的積水，倒映出他們的堅持。

宜蘭蓬萊國小是社團性質的球隊，但是面對比賽還是很認真，小選手因為上半局失誤而失分，下場就再也忍不住淚水，所有隊友湧上來安慰，「放心我們幫你把分數打回來」，孩子用笑容和勇敢一起面對眼前的難題。

SIDELINE SHOT

一瞬直擊

賽前美濃國小的教練鼓勵這批社團性質的棒球隊員，「打出去就有珍珠奶茶喔！」，沒想到面對體育班強勁的對手，美濃小球員頻頻將球打出內野，球員緊盯著每一球，讓教練看的既開心又緊張，畢竟，12杯珍珠奶茶也是一筆不小的開銷！打棒球的快樂，不就是如此！

現行運動體制下，偏鄉學校的球隊很難擁有足夠資源，與其他都市「體育班」球隊相比，資源與人才外流讓這些孩子難在賽事中取得好成績，沒有機會的他們永遠只能成為「第二名之後的孩子」。這是花蓮富源國小棒球隊孩子的夢想，每一顆練習球都是不知道第幾手的物資，但在艱困的環境下，孩子依舊勇敢地寫下對棒球的夢想。

SIDELINE SHOT
一瞬直擊

來自宜蘭的三星國小，身材比同年紀的球隊矮，尤其對上北部學校，但是身材不影響對於棒球的志氣，每個人的眼神都透露出堅決態度。

Taiwan is My HomeRun

SIDELINE SHOT

一瞬直擊

台灣貝比魯斯棒球聯盟是美國貝比魯斯聯盟設立的分部，主要針對台灣「非體育班」、「偏鄉／遠學校」及「原民比例」的棒球隊，提供組成台灣國家代表隊的機會。每一年前往美國參加美國貝比魯斯聯盟少棒世界大賽，因此在全國選拔賽中讓孩子在帆布寫下對棒球的夢想，而這些夢想都懸掛在外野，成為聯盟最大的贊助商。

王紹儒

曾經的廣告人，相信廣告可以改變世界，因此離開後仍用不一樣的方式傳達對世界的想法，從文化策展、棒球攝影，以及參與成立一個屬於台灣偏鄉孩子的大聯盟：台灣貝比魯斯棒球聯盟，帶著偏鄉孩子走出世界。

在大山大海間，學習靜慢生活

在移居花蓮之前，我們在美濃務農，「定居在哪」對我們來說並沒有太深的執念。曾經在兩週內決定搬到美濃種田，又在3年後萌生移居花蓮的念頭。對我們來說，能夠好好耕種、好好生活就已足夠。這段遷移的歷程如今想來都是必須經驗的，讓我們在淺山小溪中積存農業底氣，在大山大海間學習靜慢生活。

文字—歐陽夢芝
攝影—林靜怡

Another 移住者告白 Life

告白者　雅菁 & 傳芬

兩個文學系女生，兩隻貓，在花蓮壽豐「有塊田」。一個從小務農，一個半路出家，相同的是都喜歡鄉下，都樂意被水田馴養；堅持以友善萬物的方式，在山海間彎身耕耘，在縱谷與蟲鳥共生。

若要說花蓮和美濃有什麼不同，那就是花蓮真的很~慢~。花蓮作物的生長速度比美濃慢，一開始我們還以為無法收成呢，結果真的只是長得慢而已。像是玉米，美濃冬天只要90天就可採收，但花蓮要120天，所以我們只能等它慢~慢~長大。不過正因如此，我們才得以慢下來，好好生活。

在去年搬來花蓮之前，我們先在美濃耕種了6年。當時初來乍到，我們在美濃到處打工學種田，在老人家的眼裡我們是認真上進又無害的女生，是「美濃精神」認證的好孩子！那裡留下的年輕人不算多，他們會無私地傳授農業知識給我們，把我們當成自己的孫子般照顧著。在我們還沒有收成前，都是被他們田裡的作物給餵食。

重要的是，要先喜歡一個地方，把自己的身心安住下來。

我們兩個讀文學系的年輕女生，初到美濃就想以友善耕作的方式實踐環境關懷，而事實上，我們也交出了不錯的成績單。這樣的反差萌吸引了一些媒體前來採訪，因此受到在地居民的關注；加上客家民族的凝聚力很強，他們有意識地希望讓美濃更好——只要你有心，整個小鎮都會傾全力協助你。因此當時，很多在地朋友會分享課程和資訊給我們，甚至有人會上門說：「來，我家有地給你種！」

美濃真的給了我們很大的滋養。我們所有和農業政策相關的知識，都在那裡學到精髓。而花蓮的資源或增能都要靠自己尋覓，需要時間累積人脈，才有可能慢慢聚合。來到花蓮已經一年了，我們還找不到穩定可耕種的田地。有時會想，倘若一開始就來花蓮而不是美濃的話，也許現在一切都上軌道，也或許會玩得很嗨，不知玩到哪裡去了；但農業的知識和技術基底，肯定不會這麼扎實。

有點遺憾的是，我們還沒有好好認識美濃這個地方，就投入全部的身心在工作。回想2015年，我們剛從北海道的「五間有機農場」見習回來，決定以務農為職志之後，就有學長介紹我們去他的家鄉美濃走走。當時正值秋天，短短3天內馬上就有人牽線，搞定了住所和田地。我們像是被捲進美濃秋冬的「農業嘉年華」盛宴中，都還沒穩住身心，就和這個小鎮一起瘋狂地滾動起來！大家都卯起來生產，一天工作8、9個小時是冬季日常。在勞動強度和密度都特別高的前半年，我們的身體輪番出現狀況，後來才想到可能是過勞。

其實台灣雖然小，氣候差異卻很大。夏天的美濃太熱，不僅作物活不了，人也不習慣，到後來還會熱到焦慮！而秋冬又是忙到翻掉，身體實在負荷不了。當時聽花蓮的農夫朋友說，這裡四季的種植條件不錯，病蟲害沒那麼多，生活節奏相對穩定。所以在美濃的第3年，就升起移居花蓮的渴望。也因為傳芬在花蓮念大學，一直都很喜歡這裡；不只有山有海，又有很多好朋友在，每次來花蓮都有「回家」的感覺。於是我們下定決心移居，當時由傳芬先來探路，再藉由朋友介紹、覓得住所後，去年6月才從美濃載著貓和鴨鴨們，舉家東遷。

花蓮的風土氣候強迫我們慢下來。這裡的冬天常下雨，不宜下田，沒想到環境和工作型態改變之後，反而有機會緩緩地融入花蓮，在工作和生活之間找到平衡的節奏，補足了之前高轉速進入美濃的缺憾。花蓮真的太好玩了！東海岸的氣息撫慰了我們。我們空閒時會和朋友去海邊玩水、相揪爬山或共食；重要的是，要先喜歡一個地方，把自己的身心安住下來，未來面對困難時才有直面的願力，之後做的每一件事才會水到渠成。

這裡有大山大海、瀑

我們想放眼大環境，畢竟都在山海之間，若不把環境結合進來，豈不太可惜了！

布激流，環境尺度比美濃開闊也複雜許多。以前在美濃比較聚焦在農業本身，但現在來到花蓮，我們想放眼大環境；畢竟都在山海之間了，若不把大尺度的環境結合進未來想辦的活動、想探討的議題中，豈不太可惜了！而且我們有點閒不下來，以前在美濃我們每季都會固定辦活動，現在雖然還沒開始，但我們在農閒時就各自上想上的課，認識可能合作的對象，為未來的田間課程做準備。

對比從前，現在的工作量變少了，有很多機會去接觸之前沒時間嘗試的東西。但工作量少，也是因為我們沒有穩定面積的田地，所以收入相對也少了，為此難免會感到焦慮，這是我們來之前始料未及的事。還以為看到很多荒地都空著，地應該不難找，誰知道都被投資客買走了，寧願放著也不願出租。

前半年我們幾乎都在吃老本。還好具備一些斜槓的能力，靠接採訪和編輯的案子才慢慢打平。不過我們內心也明白，和以前在美濃一樣，一定要用一年的時間摸索這裡的風土氣候，掌握什麼時間適合種什麼作物，第2年才開始步上軌

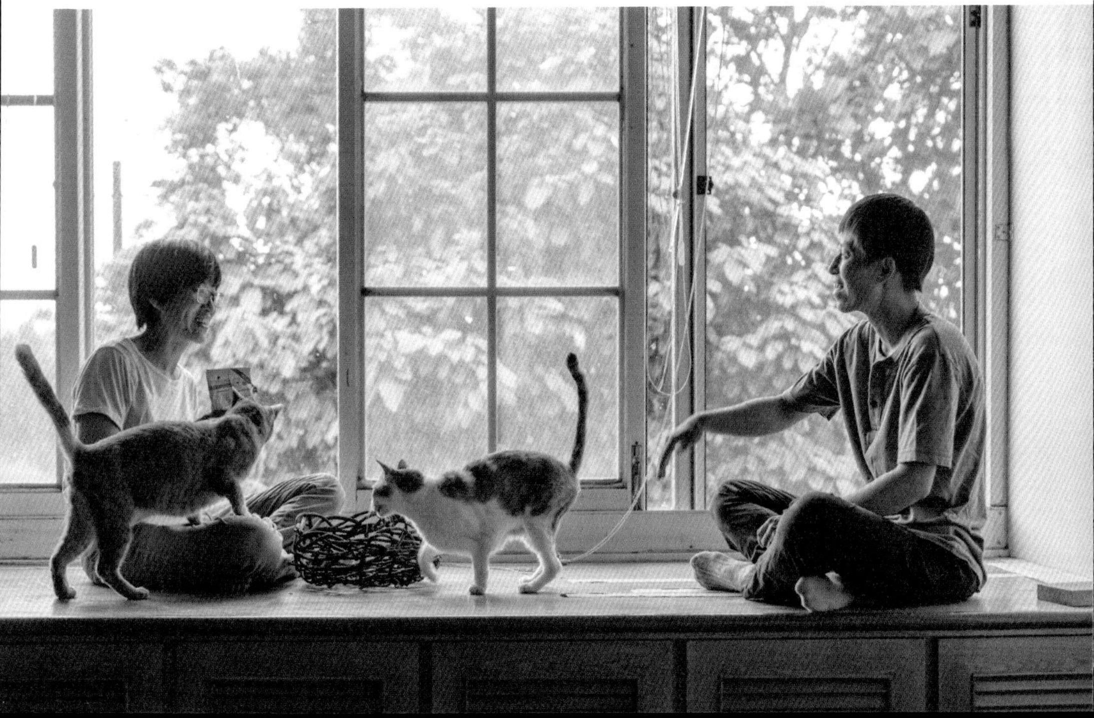

道，慢慢前行——這是必經之路。

蟄伏期也是我們用來學習新東西的時候。不過面對再想上的課，我們的共識都是以農為主業來做取捨，它永遠放在最前面。但有趣的是，我倆接觸農業的時間完全不同，我是在務農家庭長大的孩子，傳芬則是桃園長大的都市小孩；他是到我家幫農後，才發現原來務農還挺有趣的！

我的家庭背景和現在很紅的韓劇《我的出走日記》有點像，但我可能比較奇怪，雖然從小務農，長大後還會對農村有念想，這和我們家的氣氛有關吧！我家在彰化福興，小時候每到暑假，小孩會輪流帶朋友回家炕窯（khòng-iô）、去海邊摸蜊仔（bong lâ-á），再回家採西瓜。採收時瓜販會派人來收，在卡車上下拋接西瓜，有時一不小心會手滑瓜落，大家就圍在一起吃破掉的西瓜！而且我媽媽會殺雞殺鴨，熱情招待我們的朋友，氣氛都是開心熱鬧的，完全沒有韓劇裡死氣沉沉的低氣壓。

後來我們陸續長大，去台中念書或工作，但每到假日就會回去幫忙。尤其遇到採收旺季，哥哥會開車沿路撿我們回家，採收完常是早上6、7點了，再一個個載我們回去上班上學。所以我和傳芬的身體條件不一樣，傳芬的力氣大，農機都是他在操作，我則是走耐力賽，可以長時間在田裡工作。可能是從小就一直在受訓吧！身為一個「資

在每個不一樣之處體驗，
在浪間練習站穩、找到平衡。

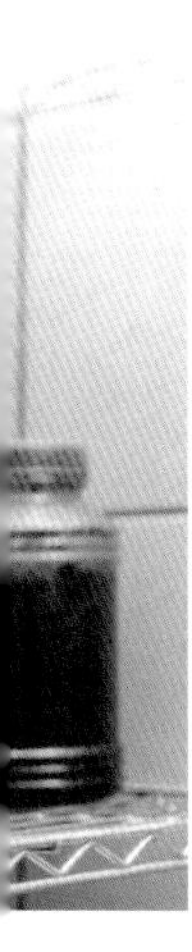

深務農工作者」，我的身體早已儲存這樣的勞動記憶了。

其實移居對農夫來說是一個挑戰。舉例來說，番茄的原生地在中南美洲的高原，需要日照充足、氣候涼冷和日夜溫差大，這些條件在台灣只有冬季能達成。我們有試過把美濃著名的橙蜜小番茄的苗拿來花蓮種，但花蓮的冬天常下雨，日照不足，最後採收的小番茄，甜度就是無法像美濃一樣。但農夫要面對的不僅是風土而已，農夫搬家比一般人還要耗費精神跟體力。他們的家當通常很多，可能有機具和動物。當初我們從美濃搬來花蓮，來回五、六趟才全數載完，實在太累了！所以我們目前沒有移居其他縣市的打算，真的無法想像一切還要重來……

如果要對其他心神嚮往的移居者說些什麼，我覺得應該依照身份職業，給予不同的建議。因為我們是農夫，這裡的日照長度和雨水豐度，是移居前我們很在意的部分，日後要依賴這個節奏來調整生活。正因為很接地氣，農夫會自然的融入在地步調；但倘若移居者的工作和自然無關，就要更認真的去感受，找到自己和地方貼合的方式。

但不管如何，都還是要保持開放的態度才好。移居的地區一定和先前不同，以前可以這樣，不代表換個地方還能照辦。在每個不一樣之處體驗，在浪間練習站穩、找到平衡。當然在波峰浪谷間上下起伏，難免會感到顛簸不安，但盡量敞開自己，享受這個變動的過程，小聲說，那個刺激感可是難能可貴的！

綠林裡的
陶玻畫工作室

盧昱瑞
高雄人，畢業於台南藝術大學音像紀錄所，以捕捉影像為志業。２００５年開始拍攝紀錄片，題材大多圍繞在海港生活的人，偶爾也關注老房子和文化資產等相關議題。

某日偶然在網路上見到友人分享的照片中，背景有一棟外型滿特別的鐵皮建築。詢問後得知鐵皮屋位於台南麻豆，是鑽研陶玻畫創作的王紀明老師的住家兼工作室，工作室臨近麻豆代天府，裡面的十八層地獄是十分熱門的觀光景點。地獄後方有一座瞭望塔，站在塔頂可欣賞俯瞰整個麻豆地區的文旦果園和王老師的三角形鐵皮屋工作室。

「我55歲在北部退休後，就開始規畫搬回麻豆老家，想說蓋一間最簡單樸實的鐵皮屋，前院種一排文旦，後院種一片竹林，退休後想回老家做一些創作……」後來簡單樸實的鐵皮屋就變成現代主義風格的三角形鐵皮屋，負責設計監造的是王老師的建築師弟弟王光明。「在同樣簡單樸實的預

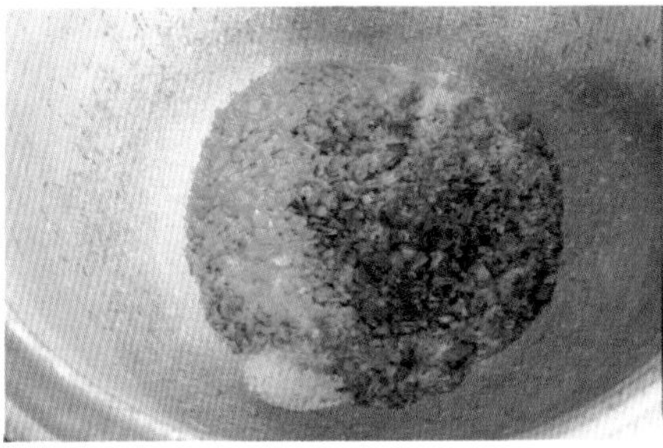

算內，又是自宅兼創作工作室，當然要蓋特別一點的房子，而且三角形的挑高棚架除了能遮陽避雨，還能降低鐵皮屋的燠熱。」一建築師在旁補充解釋。

當具有現代主義風格的鐵皮屋出現在麻豆的綠林裡，不僅吸引在地居民的目光，也成了附近學校的校外教學場域，讓原本打算退休後隱居田園生活的王老師變得更忙碌，這間三角形鐵皮屋意外成為地方的藝術推廣基地，除了陶玻畫的教學之外，也是藝術美學落實於生活的具體實踐。

王紀明老師退休後的陶藝創作是手捏陶，平常也喜歡到鄰近沿海走踏，偶然間發現海灘有許多廢棄玻璃瓶，於是就嘗試鑽研回收廢棄玻璃來運用在陶藝創作上，20多年來已成為陶玻畫的藝術名家。「我選用回收環保的材質來做創作，把搜集回來的玻璃瓶打碎研磨成顆粒狀，有藍色、綠色、白色、褐色等，燒製到攝氏一千度以上就能變成美麗清透且帶有龜裂的釉色效果。」陶玻畫工作室也帶領許多長青學員投入藝術創作，建築師弟弟退休後也積極鑽研，兄弟二人曾多次聯展，各自在陶玻畫的世界拓展迥異的創作風格。

在老家這塊綠意盎然的四分地上，建造一間約30坪的鐵皮屋，王老師剛回來時花了近3年的時間整理，維持著土地最自然的狀態，並保留著一棵將近百歲的查某李仔老樹，那是兒時父親就已栽種多年的果樹，樹上仍結滿查某李仔，吸引松鼠、野鳥來築巢，甚至連瀕危稀有的諸羅樹蛙都是常客，夜雨時震耳欲聾擾人清夢。

在陶玻畫的創作路上，王老師秉持著環保自然、精神投入與定性養成。而這間原先欲作為退休隱居田園的三角形鐵皮屋，無意間成了南台灣陶玻畫最重要的發源地，也是兄弟二人暢談藝術與回味童年的好所在。

親愛的柏璋

我們必須相信書寫，對保育還是有點用的。儘管報導引發關注，無論如何比不上在地社群的行動，但網路流量也成為保育資源的當代，大眾響應與少數到場，似乎都很重要。

今年下足了梅雨，因此6月中就在網路看到，向天池滿水了，向天蝦出來了。

向天蝦又叫豐年蟲，正式名字叫「鵠沼枝額蟲」，屬於外型相當古老的鰓足類——這些生物形態，在三億多年前就已經存在。同類的仙女蝦與恐龍蝦在寵物市場一度流行，而綠身體橘尾巴，一身喜氣的向天蝦，則成為youtuber都會關注的生物——每當豪雨過後，網路就冒出許多實境影片，陽明山的遊客也會特地多走一段路來到池邊，成為另一種季節性動態。

通常是夏秋的颱風過後，連日豪雨，讓曾是火山口的窪地，蓄積成「火口湖」，池水深可達5公尺。但池底岩層想必有裂隙，約兩週內，池水就會全數滲入土中，留下濕潤的草原。

回想去年夏末，我們一起翻過火山口邊緣，抵達被密林環繞的草澤，那時池水已經退得差不多了，剩下幾個小泥塘，非常適合近距離觀察。

向天蝦在土中蟄伏已久的卵，大約在滿水的第3天大量孵化，另有兩種更小的鰓足動物也先後出土，因蚌殼般的外表，稱為「蚌蟲」。接著，昆蟲與蛙類也紛紛抵達池邊繁殖。

還好那時準備了透明觀察盒，才能看到向天蝦腹部朝天，像魚般的泳姿，不少母蟲抱著卵，槳似的腳上有鰓。蚌蟲則像圓圓的泡沫，在水中游移。那天還找到好多蝌蚪，黑色的蟾蜍蝌蚪、透明的面天樹蛙與小雨蛙蝌蚪，還有帶橘條紋的樹蟾蝌蚪。池邊滿是蛙鳴。

FROM 瀚嶢

黃瀚嶢

生長於台北，在城市間隙發現觀察野地的樂趣，從此流連忘返。森林系畢業後，從事生態圖文創作與環境教育，經營粉專「斑光工作室」，靠著偶爾路過的靈光努力生存。

鵠沼枝額蟲

Branchinella kugenumaensis

十幾天內，數十萬隻生物魔法般湧現，在天敵大量抵達前，就完成水中短暫的生命史，然後隨著水池的乾涸，有些死亡，留下卵在土中休眠，有些離水，進入森林。短暫出現又消失的向天池，像場古老而繁華的夢。這樣臨時性的火口湖生態，以及神祕的鰓足動物，除了陽明山，就要到離島才能發現了。

向天蝦這類水生動物，是如何來到向天池的呢？我想「鵠沼枝額蟲」這個名字透露了線索——「鵠沼」是日本的一處地名，生動呈現了雁鴨降臨的景象，也許水鳥足上的泥，就帶著沉睡的卵。

未來強降雨與乾旱交替的極端氣候，我想說不定反而利於這些原本就活在變動中的生物。但要是哪一年，水池沒有回來，牠們能熬過去嗎？

真希望秋天再來幾場大雨，我們再去向天池邊走走。

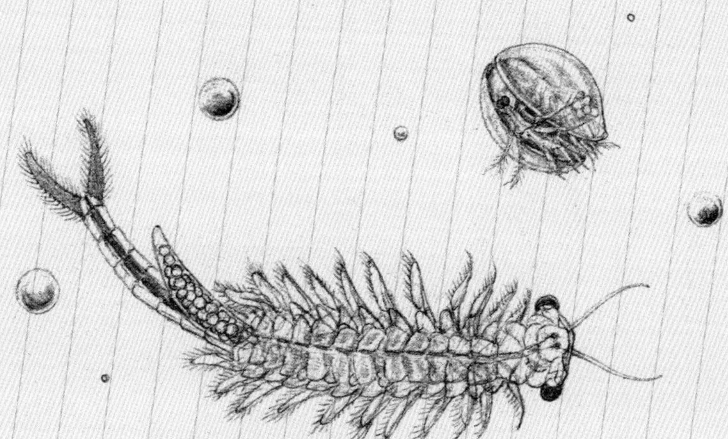

豪雨像為草原注入
了靈魂，成千上萬的枝額蟲與蚌蟲
在十幾天內，以各自奇妙的姿態，渡過一生。

親愛的瀚嶢

很喜歡你這次的插圖，那精細的向天蝦和蚌蟲手繪圖散發著一股魔力，讓我深深回憶起去年那趟「尋蝦之旅」。記得我們環繞著泥塘進行觀察，有時一腳踩進泥坑、有時翻身弄得滿褲子泥濘，直到看清向天蝦的模樣，瞬間被牠迷人的姿態和行為折服。

再次慶幸我們生活在台灣，這座四季分明的寶島。四季分明的意涵，不單是氣候現象及天氣變化，還有隨環境演化的動植物生活史，以及人們的生活型態。

如同向天池，新竹丘陵山坳間也有一些季節性濕地。每年早春，梅雨鋒面來臨前，大地歷經整個冬天的乾旱，許多草澤窪地看來已乾透。此時，有種長鋏晏蜓能精準預判春雨的降臨，提前將卵產在窪地邊緣的草叢上，等到大雨一來、水塘成形，被雨水沖入池塘的卵也隨即孵化、成長。透過積水啟動生活史的用意，或許是為了避開水中的天敵吧？

最近有點迷上蜻蜓。前些日子到苗栗海岸丘陵做生態調查，天色濛濛亮，我在草坡上看見幾隻彩裳蜻蜓悠悠地掠過樹冠。當太陽逐漸攀升，我們一路從丘陵走到海岸，在海邊幾座淡水池塘中發現數種蜻蜓，正在低空巡弋、獵食、驅趕、求偶等，令人眼花撩亂。當中，我對一隻停在竹桿上、面向大海的薄翅蜻蜓最感興趣。

全年可見的薄翅蜻蜓，事實上也有鮮明的季節感。每年秋天，東北季風準備南下時，會有大量個體從北方進入台灣，群聚在海岸邊。同行調查的田鼈米田間管理人正安還說，每年夏天約莫這個時候，稻田裡的金黃稻浪準備收割，當收割機在田間作業時，薄翅蜻蜓會聚集、穿梭在揚起的粉塵間。

FROM 柏璋

陳柏璋

熱愛山、攝影與書寫的野外咖，時常帶著相機與紙筆，在野地裡打滾整天。目前與一群好夥伴共創森之形自然教育團隊，試圖在人們心中埋下野性的種子。

薄翅蜻蜓 *Pantala-flavescens*

此時若陽光射下，田裡的稻穀、稻稈、田土和薄翅蜻蜓會交織成一片金黃。那可真是一幅夢境般的場面。不只田鼈田，鄰近農民對收割時成群飛舞的金黃色蜻蜓有著同樣深刻的記憶。原來，在苗栗淺山丘陵農村的共同印記中，薄翅蜻蜓是如此重要的一份子。

同樣是環境友善稻田，聽說貢寮水梯田也有很多蜻蜓。然而隨著水田一畝接一畝休耕，有多少蜻蜓種類能在人為的棲地改變中存活下來呢？挑戰似乎不亞於極端氣候的考驗。

生物演化會朝著適應環境的方向發展，人類也一樣，都不容易呢。為了不被生存壓力打敗，抒壓是必要的，月底忙完再來約趟野地放鬆之旅吧！

蜻蜓輕薄的翅膀看似吹彈可破，
卻支持牠們成為昆蟲界的空中王者，
甚至能跨海飛行，多麼不可思議！

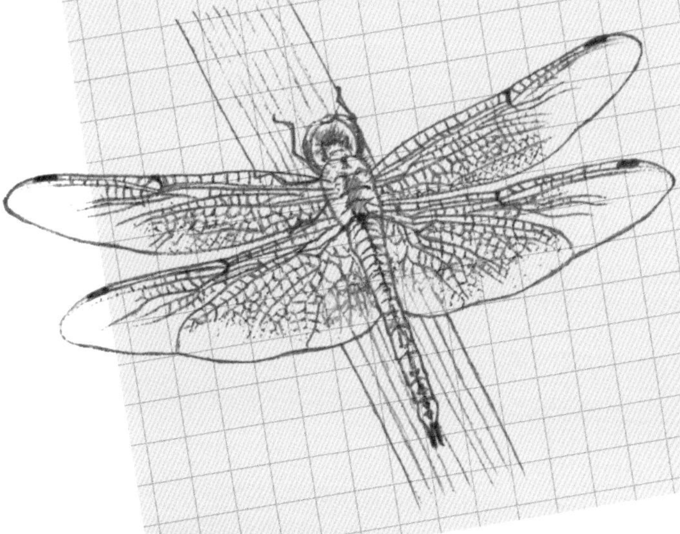

風土繫

地方不只有一種固定的形狀

文字—楊智翔　圖片提供—豐田移創指導所

楊智翔
台灣高屏人，書寫、創作與表演策畫者。關注藝術節、城鄉與酷兒議題，對關係如何連結與轉變、人們移動路徑及因素深感興趣，經常沉浸邊緣、海浪和陽光之間。曾參與TPAC亞當計畫—士林考（2021）。

陶維均，資深（前）台北人，劇場編導—編輯—有点文化創辦人—訪談撰稿—有點熟電台DJ。近年，他又多一個身份：花蓮豐田移創指導所共同創辦人。

他身分的多重性，不足用斜槓去理解，因為一切緊密關聯，且互相支持。近年他走出劇場，捲動人們到豐田駐留，並已連續兩年，與社團法人花蓮縣牛犁社區交流協會策辦「豐田文藝季」。

1910年代，日治台灣時，曾在花蓮、台東建立幾處「移民村」，豐田即為其一。村內設施齊全，設有「移民指導所」，協助跨海來台的日本人工作起居。如今，台灣各地村落大多面臨高齡化、人口嚴重外流等問題。然而，豐田村有著深耕多年的社造組織及有心人士互助，已逐漸翻轉，成為眾多返鄉、移居青年的創生之地。「花蓮豐田移創指導所」應運而生，為孵化更多移居創意與創業的模式而存在。

找人來駐村，不是為了完成創作，而是和地方互相探索。

3年前，我接觸到地方創生、社區事務，完全新領域，結識了牛犁社區交流協會。我買書看、聽講座、參與工作坊，慢慢有自己的理解，也看過台灣幾個案例，在想豐田還能做什麼，持續和協會討論著。我愛訪談，認識很多領域的人，想找他們到豐田走走，再聊聊創意、創業或創生等事，因而有策辦駐村的想法。

觀察各地案例，我們對「邀請駐村」有兩項主張：傳統預算的概念需改變、成果不限於展演或作品呈現。我們不是藝術村，非以提供生活、交通、創作或製作費的想法在思考經費。對移創指導所而言，豐田較像學校。找人來駐村，不是為了完成創作，而是和地方互相探索，一起發展東西，尋覓新的可能。人來了，地方能有活力，駐留者也能學習新事物。彼此可以如何影響發酵，這才是重點。對我來說，成果怎樣，完全不是首要考量。

幸好台灣疫情控制得很好，邀誰來誰都說好。駐村成果豐富，於是想辦活動與村民分享，就有了「豐田文藝季」，企圖每季舉辦。總覺得豐田之於花蓮小小的，但把它放大，就有很多趣事，台灣之於世界，也是如此。因此，第一屆文藝季便取名「局部放大」，日後也考慮以攝影詞彙來命名。無奈三級警戒，一季一次夢滅，待疫情趨緩，與駐留者相聊，大家都想補辦，因而在同年（2021年）10月，副標再副標「局部放大（而且通風）」活動順利舉行。

我們期待駐留者創造的事物，能逐漸積累，發展成付費遊程，未來他們也可獲利。目前某些成果已在這條線上運行。其實，「駐村」、「文藝季」只是便於溝通的暫時說法，我們的定位及正在做的事，不止於這些詞彙既有的意涵與模式。

早在文藝季舉辦前，他已移居花蓮。今年來到第3年，正好與全球新冠肺炎疫情牽連。遊走創作、策展、採訪、寫作、公共事務、地方創生與商業等眾多領域的他，不居於任何一個核心。在他眼裡，這些領域彼此交集的地帶，更有著無限發展的空間。如何開發並創造商業模式，是他殷切期盼的方向。

大學就讀期間，他接觸到訪談工作，一路延續至今，相遇許多藝術家，也包括來自不同領域的人。每個人都在發光，他不斷吸收這些光芒，轉化為一篇篇書寫文章，也內化成自己對未來的思維展望。戲劇系畢業後，他做過幾年戲，近年越來越不安於逐漸類型化的市場發展，有逐漸專精且區隔觀眾的現象，對此感到疲乏。

導戲、撰稿、編輯、開電台、開發APP（沒成）、開公司、開文具店（也沒成），歷經許多嘗試後，突然有一刻他驚覺，不想再做只有自己爽的事。他用「不當巨嬰」來描述這種狀態。然而，人生在那一刻就像是過曝的照片，資訊遺失。身處其中，但找不到自己定位，想要轉行，卻不知道能做些什麼。他想：如果做戲是為了呈現想像，那麼所有曾做過的事，究竟反應了何種未來？

所有曾做過的事，究竟反應了何種未來？

當初會做「有點熟游擊廣播電台」，就是想轉行。本來就很喜歡聽人說故事，我毛遂自薦寫企劃，送給全台北市的長照機構，要幫長輩寫自傳，全被打槍。有些約我到場，一問沒有機構或學校支持，又是劇場導演，都以為要騙錢。碰巧學妹在台北市立美術館任職，邀我與某裝置合作，創作兒童廣播劇。可能我沒什麼名氣，意外地陸續接到語音導覽製作邀約，誤打誤撞學習到基礎錄音。

想轉行那陣子，我發現「高齡化」與「都市人口過度集中」的問題，是趨勢也是我興趣。都市人口需要減壓，移居與返鄉是必然，我好像踩在一個不早不晚的點，就決定來做這兩項。我想訪談長輩，既然寫自傳行不通，那就來試錄音。表姊在電台工作，介紹台灣推動創意高齡的工作者周妮萱給我認識。租錄音室很貴，碰巧家裡帳篷壞掉，於是戶外搭篷的游擊電台意外誕生。電台本身沒賺錢，卻意外開啟許多人脈與機會，像是邀我開授Podcast製作、長輩採訪技巧等課程，甚至兩度策辦展覽。轉行開電台，投入地方、樂齡領域，與後續移居花蓮、創辦文藝季，大有關聯。

至今，他仍認為移居是最棒的選擇。更重要的是，他熱衷聆聽故事，尤其他人生命中重要的小事，或尋常大事。甚至，將彼事換位思考己事，再從己事扣連商業模式，擴散影響力，推進整體社會生態循序發展的動能。事實上，地方不一定需要他，決定與牛犁社區交流協會展開合作時，他也在想，已有豐富經驗、資源及規畫的花蓮豐田，和從零開始接觸的自己，究竟能幹嘛？該如何取得居民信任並切合需求，一起前行？他邀請到豐田駐留的人們，每人時間不等，可與地方居民交流、互動、互相學習、互相認識的深入程度，截然不同。來來去去的人，居民真能買單？

舉幾個例子。起初我邀音樂人，知道社區千歲阿嬤歌舞團有在跳舞，便邀他們寫歌。最後完成〈我在午後的豐田睡著〉，大家都很滿意，就在想文藝季能如何呈現這首歌，與村民共享。最後我們以「朝著山唱遊」為題，安排移動卡車卡拉OK，邀居民上車一起歡唱，實踐「我們表演給我們聽」的想像。

後來，我邀舞者。想著有了豐田的歌，可幫長輩編舞，但社區老師也編很好。偶然，他經過眼鏡行，看到一堆老眼鏡，於是提議「生活考古」計畫。他向長輩借用，曾經重要卻已擱置許久的物品，在村裡的「花蓮縣考古博物館」展示，並於展廳進行表演。許多長輩感動到哭，有個阿公在團團、圓圓來台時，曾買超巨大熊貓送孫女，長大沒玩就丟家裡，表演令他想起許多珍貴往事。諸多回饋，也讓舞者獲得豐沛力量。第二屆，舞者回來，之前借物件，這次借故事，他繼續跳舞給長輩看，已與大家打成一片。下次他將借用身體，期待長輩成為一起跳舞的人。

我也邀攝影師。他提議不駐留基地，而是輪流到獨居長輩家中，教他們手機攝影及其他功能。文藝季期間，他找來大鏡子，邀長輩對鏡面拍攝兩人合照，再將照片布置於移動式黑板，推在街上展覽。小孩看見，主動協助。他還製作地圖，標記長輩住處，透過影像，某些佚失的地方事再度被喚起。我們總是優先考慮村民，也期待駐留者能有所收穫。在豐田駐村，他們似乎找到了生活、創作的另一種動力，村民也越來越能享受新鮮更迭的氣息。

我們總是優先考慮村民，也期待駐留者能有所收穫。

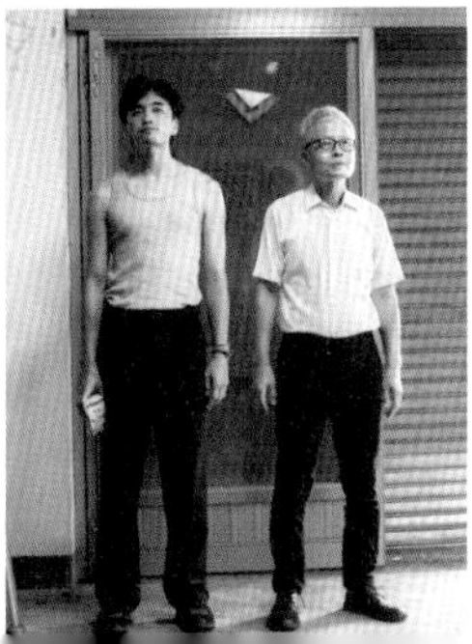

儘管人生有點過曝、身份多重，且長期渴望轉行。繞了一圈，他覺得現在做的事，和劇場導演並無兩樣，只是換了個「聚」字轉變媒介，本質仍在導戲。這場戲越導越大，看來將永無止盡。打開駐村的延展想像，地方便不只有一種固定的形狀。

當然，豐田依舊在那，但豐田也已不只在那，持續住進每位駐留者的心，多重曝光。

生活法則

Vol.8

是精神病患還是刀鋒戰士

文字、攝影──高耀威

某天我在顧書店，準備打烊的前十分鐘，一個皮膚曬很黑的男生站在門口問我：「沒穿衣服可以進去嗎？」接著就赤裸上半身進來，四處翻書，翻閱繪本《三個小印地安人》時，兀自邊看邊笑出聲，回頭就跟我結帳要這本，身上錢不夠，差30塊，我那時很餓，約他一起去附近吃飯，搭上他的箱型車，他順手拿放在排檔桿附近的南瓜給我，上面貼了標價30元，說剛好抵那30塊，說的時候眼睛睜很大，好像某種力量再度通過他的身體，我從眼神接收到，收下南瓜，吃晚餐的地方也到了，那是我與刀鋒（紀揚真）第一次認識的光景。寫到這，好像在緬懷什麼的感覺，確實是有死過，現在這黑男孩還活得好好的。

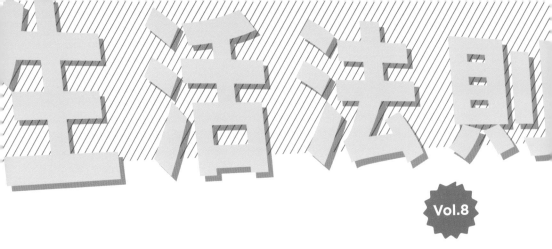

大笨蛋

你要睡哪？你要什麼？不要什麼？

那天晚上吃完飯後，我問他晚上要睡哪，他說還沒決定，也可以睡車上，我們就去附近一個祕密基地。車子停在小平房前的野草地，兩個朋友淺居於此，屋子裡有一把撿來的古典吉他，刀鋒順手拿起調音，說要唱歌給我們聽，琴弦撥弄反覆的曲調，很久很久之後才開口，從喉嚨深處嗚唱出低迴的古老聲音，然後他拿出一個奇怪的樂器，是印度單音風琴，帶著我們進行發音練習。海邊野地小平房裡，四個人隨著風琴的悠遠音調，舉起手發聲共鳴，這奇幻之夜引起我的好奇，刀鋒黑男孩從何而來。

他從小在教會信仰的環境長大，在校成績很好，對音樂藝術方面有興趣，大學選讀台藝大戲劇系，進入一個開放自由的學習環境，以往努力讀書的模式，到大學都派不上用場。而身邊開始出現許多同志同學，衝擊從小到大的家庭共同信仰，結交的女友帶領他探索身心，藉著感知與性的啟蒙解放，原本堅固的核心價值出現矛盾，腦內反覆辯證未果，各種困惑讓他茫然，失去學習目標，休學了兩次。

第一次休學，是因為某個教鋼琴的老師在課堂上質問他：「你到底要什麼？如果你沒有要讀書，就休學去做你真正想做的事……」，後來他去打工再去當兵，加入一個學長的音樂工作室，又回到學

Fool, dumb, and

校。第二次休學，是在一次教會研習活動中脫隊，隨著突然之間放大的感知與意念指引（掌心出現許多光點），想往森林裡去，在高雄街頭四處遊走，厭惡早餐店味道，拔路邊雜草來吃（覺得比較好吃），朋友見到他脫序模樣而聯絡他的家人，後來被送進精神病院。

「在精神病院，每天畫畫，吃飽睡飽，過得（反而）很快樂。」刀鋒說。

怎樣才是的正常生活？

那天我去南澳找他，位於廟後的據點有個名字叫「山海人藝術村」，刀鋒從平房內走出來迎接我，這次在自己家，更赤裸，是連下半身都沒穿的那種赤裸，難道該換我說「穿衣服可以進來嗎？」這個所謂的村，是兩棟平房連在一起，有時會召集志同道合的朋友一起辦活動，「斷捨離派對」、「印度家常菜分享會」、「即興音樂會」……，當時村內的夥伴繩子（這是人名）正在前庭帳棚下煮飯，刀鋒帶我參觀空間（已穿上褲子），從右半部的平房大門進去，室內沒有所謂的地板，就是土地與石塊，中間區域直接在地上圍放榻榻米，後面小房間是二手物賣場，往右穿過走廊，室內拉起許多胚布遮蔽，因為房子有許多白蟻，天花板常會有木屑飄落。再往後走，穿出房舍，大片綠意下有棟簡易露天浴室，該有的都有，不該有的也不在其中，繞回前院，還有個自製迷你雞舍。記得刀鋒在長濱帶我唱歌那天，我問他：「父母對你現在的生活有什麼期許？」他笑著說：「出了精神病院後，他們只希望我把自己照顧好，然後快樂～」

高耀威

40多歲的人，著有《不正常人生超展開》一書，目前經營兩間店，一間是位於台東長濱的書店「書粥」，一間是在台南的共同工作室「白日夢工廠」，每月底會營業幾天「寂寞食堂」，持續練習另一種活下去的方法。

目前除了畫畫唱歌務農，偶爾接一些零星的打工，在附近閒晃看到工地，他會詢問現場師傅施工的問題，直接被揪「你要不要來工作？」；附近的五金行老闆也會說「留下電話，有臨時工作的需求就找你」；亦曾加入地方團體，教小孩生活技能或藝術創作，也作為一種陪伴。南澳雖然是個小地方，生存方面倒不是個問題，真正的問題或許是：「到底怎樣才算是正常生活？」

刀鋒給我看以文字與圖畫記錄的「精神病院日記」筆記，裡頭有他的生活觀察文字，畫了許多病友與環境的素描，他在一旁解說，「每個病人狀況滿不一樣的，有的人吃藥吃到一直流口水，有人一直在做重複的動作，這個大哥會一直講笑話……其實滿像一群行為藝術家的，有個自己的劇場在進行」。準備出院時，病友們在本子寫下對他的祝福「會繼續下去的吧！」、「我心會一直與你同在的修行」，他說未來想把住院期間的記錄展出。

準備要離開據點時，我問他：「為什麼叫刀鋒？」他說有兩個原因，一是在菲律賓參加營隊時，教導使用刀子的老師說：「真正鋒利的刀，才是安全的刀。」他想成為這樣的刀（意指：很強又不傷人）。另一個原因，是當兵時有人覺得他長得很像電影《刀鋒戰士》的主角。

真正鋒利的刀是怎樣的刀，能另闢蹊徑？能劃破迷霧？能指引出快樂生活的所在？我暗自推測，答案很可能在那本《三個小印地安人》裡面。

Fool, dumb, and that's

擊出山海之間的雲林印象

文字、攝影—張敬業

如果有所謂「第二故鄉」的話，那對我來說應該就是「雲林」了！記得國中畢業後，第一次離鄉背井就是到雲林虎尾念五專；大學畢業後的第一份工作也是在雲林故事館；現在從事社區與地方創生相關工作，許多的合作夥伴也是在雲林。前後大概20年的時間，看著雲林從人們口中的文化沙漠，到有越來越多人開始投入地方工作，從產業、社區、文化、教育等面向再發現屬於這裡的美好。

擺渡人 第八回

這次介紹的「太日樂集」（下簡稱太日），是我在高雄學習藝術管理時的大學長張呈遠，2011年回到雲林成立以東亞鼓樂器為主的擊樂團。而一個地方樂團又如何跟地方支持系統有關？且聽我娓娓道來。

穩紮穩打，逐步紮根在地

在大學時，呈遠和我都主修笛簫演奏，但才華洋溢的他也跑去副修打擊樂，而有才華的人，學什麼都能有個樣。就這樣畢業後他不只活躍於笛簫演奏，也經常是演奏會上打擊樂分部的主／伴奏角色。創團之初，很多團員其實是從西螺農工的國樂校友團裡，找幾位有興趣一起練擊樂的學弟妹開始，借用學校、社區活動中心，甚至朋友家的倉庫當排練場地，演奏曲目也多是國樂團的經典曲目。

當時的他想，既然回雲林生活了，就應該用每天所見的地景、生活，還有這裡的歷史故事來創作，不如「讓太日來說雲林的故事！」再加上成長過程中的音樂養成，幾乎是伴隨動漫音樂成長，也把這些經驗融入太日的創作。就這樣開始從自己的生活經驗出發，寫下雲林的海、濁水溪，再到雲林的山林——他自己的家鄉古坑，寫下從小聽老人家傳頌的「抗日英雄柯鐵虎」故事。寫景、寫意，當創作開始，這塊土地提供源源不絕的創作能量。

張敬業

2012年返鄉成立「鹿港囝仔文化事業」，透過社區參與的方式重新認識家鄉。2015年籌辦今秋藝術節，讓人們重新對鹿港有新的想像。近年著重地方青年培力，計畫建構返鄉及移住青年的地方支持系統。

地 方

一般來說，擊鼓樂團若要展現氣勢，需要團隊「合奏」的方式。因此幾年累積下來，每年暑假的固定公演，以及原本近10位的團員，也逐漸成長為較完整的15人編制，其中的成員除了來自校友團，有一部分也是因為公演而詢問加入的。不過要成為團員，除了要能接受嚴格的打擊樂訓練外，沒有演出的假日即是太日的練習時間，因此要同時耐得住假日無法出遊的狀況。而為了讓團隊有固定且長久的排練場地，再加上原本位在斗六市區的教室常影響地方居民的生活作息，2017年呈遠在虎尾近郊買了土地蓋起自己的排練場，2019年完工後太日樂集也就此落腳。

有了永久的場地後，每週定期排練、每年定期公演、商演、計畫演出，再加上樂友的定期支持，累積資源就再投入樂器與場地設備的升級，甚至團隊也開始有固定給薪的正職團員，正職團員除了參與演出，平日業務也要處理計畫案的行政、演出票務及課程教學。除了內部運作，這幾年雲林許多場館開始修復再利用，太日也受邀參與虎尾建國眷村的空間經營，成立「太日茶屋」。茶屋延續太日自成一格的美學風格，茶品部分則因為呈遠家本身就是古坑茶農，而選用自家烏龍茶及埔里紅茶，作為茶屋經營的品項。

從地方出發，創造地方的可能

這次拜訪期間，時逢年度公演的密集排練期。今年度的公演，除了音樂演出，為了讓整體的「劇場」呈現更完整，訓練課程中也加入肢體開發、燈光設計、情境表現的訓練。太日樂集從一個地方型的樂團出發，以雲林的山海地景作為創作素材，讓雲林的孩子對於地方不在只是農田跟文化沙漠的想像。也只有親身投入參與並且創造經驗，才有更多可能的想像，接著

一個、一個、又一個的我們才會出現，並且設法創造資源，投資在地方的空間與人才上。

訪談最後，為了捕捉難得的排練畫面，我特別請團員演奏一曲，看著大家投入演出的神情，那種用力綻放的美麗，即是源自於腳下土地的真摯生活。雲林真的越來越讓人期待，無獨有偶，在我拜訪太日之前不久剛結束的「伏流祭」，即是另外一個為人樂道的故事。看著雲林的蛻變，讓我心生羨慕，打開工作清單，看著三年一度的今秋藝術節即將到來，好像還得再加把勁，才能跟雲林的大家一樣，創造讓自己回味無窮的精彩故事！

LOCAL NOTE

【成立年份】
2011年

【團隊成員】
15名
（團長、4名正職團員、
5名兼職團員、5名學生團員）

【成員分工】
團長負責創作與資源整合，
正職團員負責教學、行政、計畫執行，
兼職與學生團員負責演出與其他支援

【主要業務】
樂團演出、教學

【收入來源】
公演門票、商業演出、教學、計畫執行

日文「勝手」一詞，為自作主張之意，「勝手姉妹鄉」計畫即是擅自開創「姉妹都市」的鄉村版，媒合台日兩鄉、簽結友好締結合約，深化台日鄉村之共好。

臥房城市的地方擾動

企劃、翻譯、文字—蔡奕屏
圖片提供—城心文化、Tsunaguba家守舍（つなぐば家守舍）

和日本朋友「Tsunaguba家守舍」的美乃里桑第一次見面是5月中的一次採訪，聽著她介紹草加市作為臥房城市的課題、透過老公寓改建的地方行動、以及近期準備要開設在地圖書館的計畫，腦袋裡自動聯想到一樣是臥房城市的基隆、一樣經手在地老公寓改建、一樣開設獨立書店空間的團隊——陳立儀所領軍的「城心文化」。

那天與美乃里桑會面的最後，實在忍不住跟她分享了基隆團隊的簡介，並且預約未來一定要介紹這兩個有太多共通點的雙方認識。於是，透過勝手姉妹鄉的企劃，便促成了這場彷彿如「失散雙胞胎姉妹」的會面！

蔡奕屏
因為2019年開啟的日本地方設計師採訪計畫，而開始了和日本大小地方的緣分，並在最後集結成《地方設計》一書。目前續篇《地方ＯＯ》籌備中。

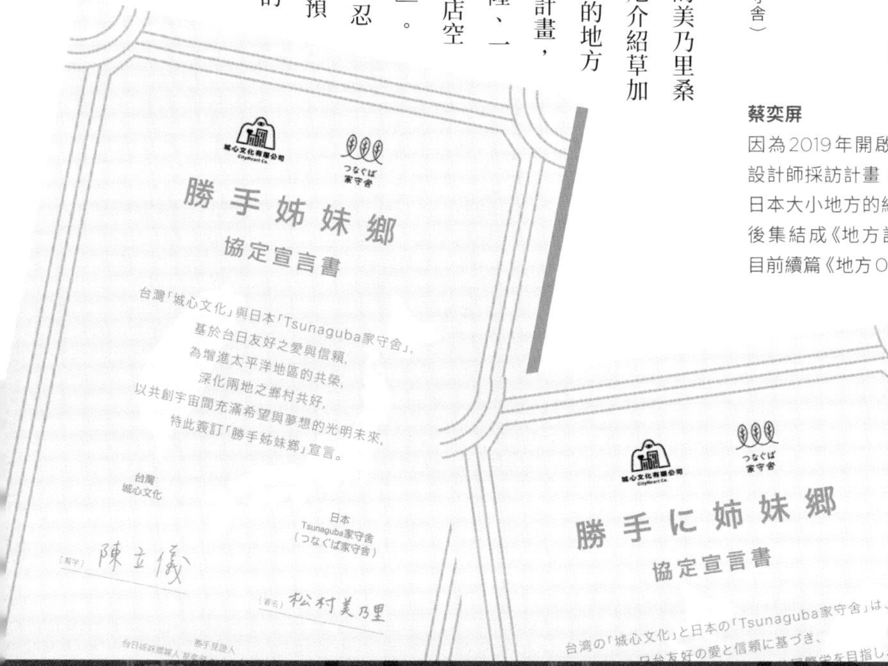
城心文化有限公司
CityHeart Co.
つなぐば
家守舎
勝手姉妹鄉
協定宣言書
台灣「城心文化」與日本「Tsunaguba家守舍」，
基於台日友好之愛與信賴，
為增進太平洋地區的共榮，
深化兩地之鄉村共好，
以共創宇宙間充滿希望與夢想的光明未來，
特此簽訂「勝手姉妹鄉」宣言。
台灣
城心文化
日本
Tsunaguba家守舍
（つなぐば家守舎）
陳立儀
松村美乃里
勝手見證人
勝手に姉妹郷
協定宣言書
台湾の「城心文化」と日本の「Tsunaguba家守舎」は、

紀念品開箱 Unbox!

為了讓台日雙方團體認識彼此，線上會面前特別邀請兩方相互寄送紀念品。

台灣方
城心文化

城心文化團隊擁有企劃、設計、社造、文化研究等專長，參與在地活化與改變，同時積極投入地方，籌組青年社團，發起各式議題活動；2018年進行「86設計公寓」空間活化；2020年創設「小獸書屋」，期許成為城市中的心動力，持續創意改造，守護在地文化。

【駐地】台灣基隆市（北台灣通勤城市）
【創立】2016年
【聯絡代表】陳立儀
【成員組成】核心夥伴2人、兼職夥伴3人

基隆意象咖啡
由基隆三奇壹號咖啡店，特別為基隆城市博覽會所開發。

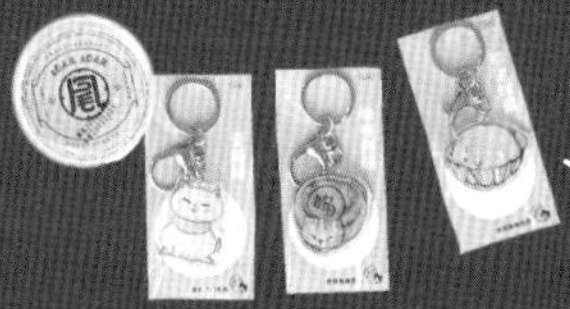

基隆名產貓咪鑰匙圈
以「芋泥球」、「咖哩餅」、「蛋腸」為意象繪製之貓咪鑰匙圈。

（上）基隆老店鳳梨酥
（下）基隆在地小管醬
秉持傳統製作的老派鳳梨酥。小管醬適合日本朋友搭配啤酒、日本酒。

基隆老店泉利米香的二代創新米餅

人稱基隆三寶的老舖醬料
烏醋、辣椒醬、香油

基隆市鳥啤酒
基隆精釀啤酒品牌，以基隆市鳥「黑鳶」為意象，與屏東可可小農合作之啤酒。

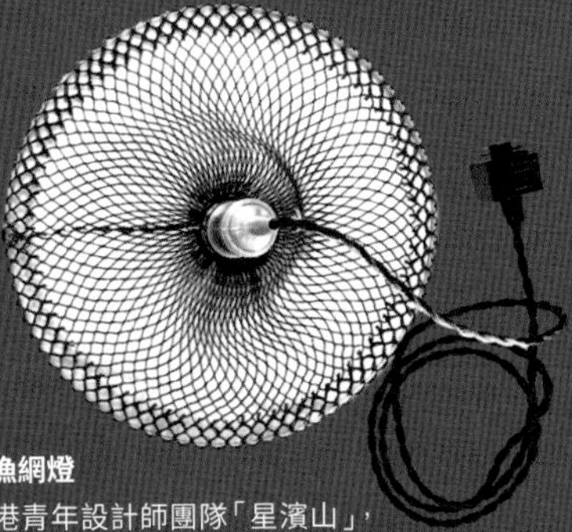

手工製漁網燈
基隆漁港青年設計師團隊「星濱山」，與修復漁網師傅的共同之作。

台灣方補充｜陳立儀
非常想要把基隆更多美食寄去日本！礙於國際包裹無法寄送的美食，就等待日本朋友親自來一趟基隆了！

日本方
Tsunaguba家守舍
（つなぐば**家守舍**）

Tsunaguba家守舍是以DIO（Do it ourselves）為宗旨，以日本埼玉縣草加市為據點的行動團體。家守舍經營「帶著小孩也能工作」的「Share-atelier Tsunaguba（簡稱Tsunaguba）」、私設圖書館「槐戶文庫」，以設計為軸進行地方編輯。

【駐地】日本埼玉縣草加市（緊臨東京的關東臥房城市）
【創立】2018年
【聯絡代表】小嶋直、松村美乃里（美乃里桑）
【成員組成】核心夥伴2人

槐戶文庫仙貝
以草加當地的名物仙貝為題，和Tsunaguba的料理人合作，開發了特殊的咖哩口味仙貝。顏色呈現綠色是因為加入了草加盛產的小松菜！

「槐戶文庫」、「Tsunaguba」簡介手冊

青年農夫種植的減農藥稻米
由小嶋先生同學所種植的稻米，也是Tsunaguba café裡使用的稻米喔。

槐戶文庫穀物棒
為了讓大家可以一邊閱讀一邊品嚐，特別設計成適合單手掌握的尺寸。裡面添加的可可亞，是有著提高集中注意力的成分！

家守舍特調咖啡
白色包裝的「Tsunaguba特調」，是讓人可以聯想到Tsunaguba的華麗深焙風味；黑色則是「槐戶文庫特調」，是讓人想要一邊閱讀一邊品嚐的清爽風味。

槐戶文庫手絹
以當地綾瀨川之水波紋為意象、並與當地僅存一間的染織工坊共同合作之手絹。

日本方補充｜美乃里桑
除了米之外，其餘的產品包裝設計、摺頁等紙製宣傳品，都是由家守舍設計的喲！

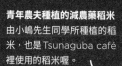

Online Memo	時間	主持與翻譯	線上與談人
	2022年 7月初的 假日午後	姊妹鄉媒人 蔡奕屏	【台灣方】 城心文化核心夥伴：立儀、欣儀 【日本方】 Tsunaguba家守舍 （つなぐば家守舍）核心夥伴： 美乃里桑、小嶋桑

擾動通勤城市的多方組織與行動

◆立儀：那由我來跟大家介紹一下城心文化。雖然是在基隆創立城心文化，但其實我是屏東人，在2014年搬來基隆，搬來之後就參與與創立了四個組織：剛搬來的時候，因為和在地夥伴想要有一些在地行動，因此一起成立了「基青陣（基隆青年陣線）」，這是一個NGO組織，在城市裡面探索和文化有關的議題。2016年，因為覺得地方行動需要有持續性的發展，因此創業成立「城心文化」。那之後也就陸續做了幾個專案，像是基隆市政府的空間活化「86設計公寓」；後來我們自己在2020年開獨立書店「小獸書屋」；而因為這幾年的累積，2021年我們開始作為青年培力的平台，也就是「河作社」。會以河為名是因為我們的行動都圍繞著基隆的田寮河運河，因而有了以河為名的發想。

最一開始的NGO「基青陣」，成員都來自不同的背景，我們發現基隆因為是通勤城市，大家都出去上班上課，很少時間可以在此好好生活、發現問題，因此我們就透過這個組織，希望能集結大家下班下課後來做一些行動。其實做的事情也滿多樣化，其中比較大型的是舊基隆市長老厝活化行動「桑梓文化祭」，號召市民朋友一起來整理，並且辦市集、小旅行。

▬美乃里桑：最好奇空間活化的專案！

◆立儀：「86設計公寓」嗎？這是個舊警察宿舍的活化經營計畫，規模是4乘4、共16戶的警察宿舍，因為住戶已經剩很少，我們就開啟空間進行活化。目前空間分四類：既有住戶、整理好並開放青年進駐空間、城心文化駐點人員經營的空間、屋況比較差但持續進行整理的空間。在我們進駐的空間裡，一樓像「社區客廳」一般，開放給大家自由使用，就有滿多群體來使用，像是小朋友、青年、青創夥伴等，而大家的活動也很多元，像是展覽、工作坊、講座、駐村創作等等。

■美乃里桑：這是地方政府（基隆市）的專案嗎？

◆立儀：86公寓是警察宿舍，基隆像這樣的公有宿舍非常、非常多，但因為這些宿舍比較像是臨時性的住宿設施，對現在的居住需求來說其實過小，但政府目前又沒有足夠的經費整建，而既有空間沒有利用的話就是浪費，因此台灣近幾年就有許多類似這樣的公有空間被釋出，用不同的方案進行活化，像是標案或是標租（開放進駐）。86設計公寓是一個標案的形式，但我們把空間整理好之後，就和政府談並促成一個進駐的計畫。

■美乃里桑：剛剛看到86設計公寓裡還有幾間有住戶，不知道大家跟住戶的關係是如何，會不會發生什麼樣的問題或是紛爭？

◆立儀：86公寓是一個60年的老警察宿舍，目前有3戶退休警察、警察配偶居住，其中有2戶是獨居，大家都是90多歲的阿公阿嬤。我們的相處關係就有點像是彼此照顧，因為過往16戶現在只剩下3戶，也是滿寂寞的感覺，所以他們也滿喜

歡我們在那邊舉辦活動，算是好鄰居、好朋友的關係。

▬美乃里桑：感覺形成了很好的關係耶，好棒。

◆立儀：我們也有針對其中一個阿公和阿嬤做採訪、記錄喔。

▬美乃里桑：最後是寫成報導文章嗎？好想看喔，但如果是中文可能看不懂（哭笑）。

◆立儀：之前有拍一小段阿公吹口琴、講故事的影片，我再找機會跟大家分享！

活用老公寓，直擊臥房城市之課題

▬美乃里桑：「Tsunaguba家守舍（つなぐば家守舍，以下簡稱家守舍）」是我和小嶋直一起創立的地方營造公司，我們運營老公寓活化的空間「Share-atelier Tsunaguba（シェアアトリエつなぐば，以下簡稱Tsunaguba）」、也經手空間的設計。我們的理念是DIO，也就是對比於DIY（DO it yourself），我們強調要Do it ourselves，想要的生活由我們能力所及的範圍裡自行創造。

我和小嶋直會認識是因為草加市役所主辦的「整修學校（Renovation School）」，那是一個以整修老房子、並提出事業計畫的課程，而我和小嶋直是同組的組員，當時的事業計畫就是後來家守舍經營Tsunaguba的雛形。

其實在參加整修學校之前，我參加了草加市役所另外一個女性創業課程「月三萬Business」，是第一屆學員，在那裡我認識了許多想要在育兒階段工作、甚至創業的女性，但大家都因為四個因素而裹足不前：缺乏金錢、缺乏場所、缺乏

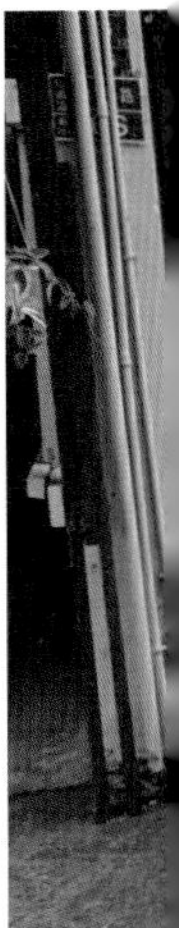

時間、也缺乏勇氣，而這個其實是「臥房城市」裡普遍的狀況，草加市這個緊鄰東京的地方更是明顯，男性多去東京工作，女性要不當家庭主婦、要不就是把小孩託給別人才能工作。

也因此，這成了我們想要設立Tsunaguba的原因，我們希望Tsunaguba可以成為一個充滿連結的地方，讓育兒的女性也能夠創造小型的事業，打造一個能力所及之內，不勉強自己，而又充滿有趣與開心的生活。於是，Tsunaguba就有了下面三個重要的概念：和工作連結、和母親連結、和地方連結。

順帶一提，我其實不是當地人，是因為結婚才搬到草加。

◆立儀：我也不是在地基隆人，我是屏東人，基隆是先生的老家。

■美乃里桑：另外，我們也整理出草加這個臥房城市的兩個課題，一個是舊有居民和新搬來居民的交流溝通不足；另一個是因為交通便捷，大家上班購物都往東京去，所以草加就只是一個睡覺的地方，和當地連結低落之外，也感受不到草加的魅力。而這些課題，我們也希望能夠透過Tsunaguba來進行翻轉。

Tsunaguba是一棟有著許多住戶的公寓，現在裡面常駐的有美容院、木育遊戲室；也有共同工作的大桌子空間；還有可以舉辦瑜伽課、茶道課的工作坊空間，一樓有輪班主廚性質的值日生café。café是由許多熱愛料理、甜點的夥伴輪流擔任主廚，不是每天都是同樣的主廚，

所以要照顧小孩的媽媽也能夠在可能的時間範圍裡來擔任主廚。

◆立儀：我有一個不怎麼重要的問題，就是Tsunaguba前面的那三棵樹好可愛，不知道是家守舍特意種的嗎？因為跟LOGO很呼應呢！

■美乃里桑：不是喔，這是本來就有的，但也因為這三棵樹，我們一來看這個物件的時候，就決定是它了。

■小嶋：故事是這樣，其實最一開始是我們先設計了LOGO，就是那個有三棵樹意象的LOGO，之後才被帶來看這個物件，我們一看到門前的三棵樹，就覺得這一切真是命運，所以就毫不猶豫決定是它了。

◆立儀：天啊，真的是命運耶！

把房東太太也捲入的空間活化術

■小嶋：這幾年在Tsunaguba這棟公寓裡，我們大致把想要嘗試的、實踐的都進行了，因此也開始思考下一步是什麼。就在這時，我們的房東太太（中村太太）找我們一起去參觀在栃木縣宇都宮附近的「紅葉圖書館（もみじ図書館）」，那是一個公寓改建的無人圖書館，當時去參訪時看到了許多地方居民聚集在內。參觀完之後，中村太太就說她也很希望在草加社區有這樣的空間，而我們其實也一直想要打造一個有書的空間，就是這樣的心有靈犀、想法一致，於是家守舍和房東太太的「槐戸文庫」圖書館計畫就這麼啟動了。

◆立儀：和房東太太一起！？

■小嶋：對的，是真的非常罕見，所以這邊也特別介紹一下中村太太，中村太太說她的父親在世時，就對於地方營造非常有興趣，也因此在整理父親的書櫃時，發現了一本《魅力城鎮營造的推薦（魅力あるまちづくりのすすめ）》，中村太太就曾經帶這本書來跟我們分享。所以或許可以說，中村太太透過父親過往閱讀的書，承繼了父親的興趣，而成為非常認同、支持我們的夥伴。

■小嶋：「槐戸文庫」圖書館在今年

6月25日開幕，其實一開始也猶豫要開書店還是圖書館，後來是希望能夠擾動地方、在地方營造的觀點上，我們決定開一間「招募書架主人（一箱本棚）」的圖書館。

媒：家守舍最初在決定要開圖書館還是書店的時候有過一番討論與思考，立儀當初在開小獸書屋的時候是否也有類似的掙扎呢？

◆立儀：其實我的退休夢想是要經營一間社區圖書室，不一定是書店，也不是像圖書館那麼嚴肅，而是一個可以閱讀的、開放的空間。會先有開書店的計畫，是因為和團隊夥伴討論，覺得還是需要一個營運模式，因此目前還是書店的形式。

◆立儀：好奇家守舍整修、活用的老房子，都是誰擁有、以及都是從哪裡取得的呢？

■美乃里桑：我們目前經手的老房子（共三幢），都是房東中村太太的物件。當初會認識中村太太是因為草加市役所的介紹。一開始我們在整修學校時提案想要整修的老房子是其他的物件，但因為那棟房子後來遭遇火災，我們不得不重新找物件，最後透過草加市介紹認識了中村太太，才開始後續一連串的空間改造。

■小嶋：補充一下，目前日本的空屋其實已經成了社會問題，因此許多地方都紛紛舉辦老房子改建的學校等計畫，而也有許多空屋的屋主都在想，要怎麼活化這些空屋。我們的行動，也是希望能夠回應這樣的社會問題，作為解決空屋問題的可能性之一。

◆立儀：另外想追問，整修老房子的經費是自籌嗎？還是房東、公部門有支援？

■小嶋：市役所只有幫忙介紹房東給我們認識，並沒有承擔其他的風險，因此也沒有涉入後續的進行，後續是由我們和房東聯繫溝通。在經費上，房東也有幫忙一小部分，不過大部分都是我們家守舍自行負擔，我們就透過後續的事業營運來回收付出的經費。

持續發現的兩市共通點

▀美乃里桑：對了，最一開始有聽到基隆的河，我們草加市也有一條叫做綾瀨川的河川，現在被譽為日本第二髒的河流（苦笑）。不過那條河以前是重要的河川，沿岸染布的產業非常興盛，像是手絹、浴衣等，過往有許多工坊，但現在只剩下一間。我們寄去的紀念品當中，有兩條顏色不同的手絹，而手絹的顏色，就是和現在僅存的一間染布工坊合作製作，另外手絹的圖案也是以河川的水波紋為意象的圖樣。

◆立儀：我們基隆的山上也有一間藍染工坊耶！他們也是以很傳統、自然的方式染，是去山上採植物、用大石缸進行。

▀美乃里桑：未來也會和藍染工坊合作嗎？

◆立儀：正好下個年度策畫著要跟他們合作。

媒：好意外喔，臥房城市、老公寓活用、書店圖書館的共通點之外，原來還有河川，連染布工坊都成為雙方的共通點，太神奇了！看來透過雙方的分享，又發現許多意外的共通點！期待未來雙方的實際見面，能持續發現更多有趣的共通點！

會後悄悄話……

台灣方代表｜立儀

能有這樣的交流覺得很難得也很開心。因為覺得我們平常在台灣的交流，看問題的方式都滿「粗暴」的，但日本朋友看問題非常細緻，觀照到生活中許多需求、看到不同群體、分析遇到的狀況，而且目標非常明確、非常有步驟性的進行規畫，我得到很大的學習。

日本方代表｜美乃里桑

在遙遠的地方也有著相似感受性、相似行動的朋友，一邊是驚訝、一邊也非常開心。雖然文化等非常不同，但是想做的事好像雙方都走到相近的地方，也非常的有趣呢！過去關於老房子整修活化，我們都只有聽過日本的案例、故事，但今天聽到日本以外其他國家朋友的行動，覺得自己內心的世界被大大打開了！這次真的是非常感謝有這樣的機會能夠認識台灣朋友！

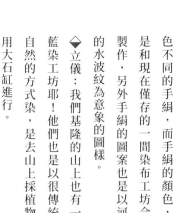

地味手帖【13】

地區賽隊

——地方愛的熱力展現

主編 —————— 董淨瑋
特約編輯 —————— Mimy Chan
編輯顧問 —————— 林承毅
封面設計 —————— 廖韡
內頁設計 —————— Debbie Huang、安比

社長 —————— 郭重興
發行人暨出版總監 —————— 曾大福
出版 —————— 裏路文化有限公司
發行 —————— 遠足文化事業股份有限公司
地址 —————— 新北市新店區民權路108-3號8樓
電話 —————— 02-2218-1417
傳真 —————— 02-2218-8057
Email —————— service@bookrep.com.tw
客服專線 —————— 0800-221-029

法律顧問 —————— 華洋國際專利商標事務所 蘇文生律師
印刷 —————— 凱林彩印股份有限公司
初版 —————— 2022年8月
定價 —————— 380元

Printed in Taiwan

地區賽隊：地方愛的熱力展現/董淨瑋主編. -- 初版. –
新北市：裏路文化有限公司出版：遠足文化事業股份有限公司發行, 2022.08
面；　公分. -- (地味手帖；13)
ISBN 978-626-95181-9-7 (平裝)
528.9　　111012642